BÖER / ALLES ÜBER EIN CONTAINER SCHIFF

KOEHLER

FRIEDRICH BÖER

ALLES ÜBER EIN
CONTAINERSCHIFF

KOEHLER
HERFORD

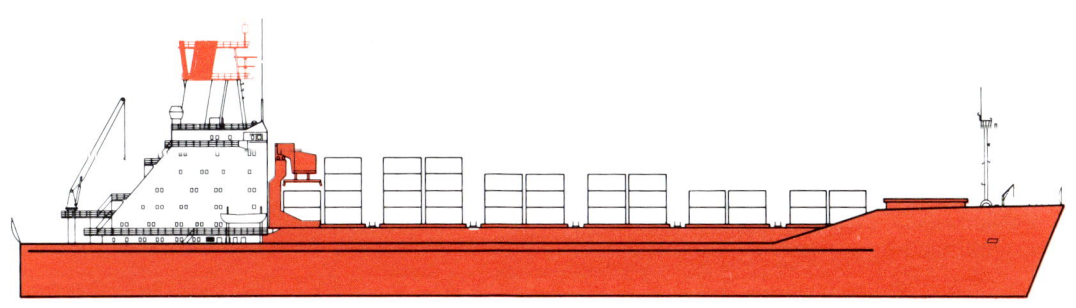

Herkunft der Bilder:

Zeichnungen: *Davit-Company (Seite 60) – Deutsche Schlauchbootfabrik G. m. b. H. (62) – ELNA G. m. b. H. (24) – Germanischer Lloyd (88) – G + H Montage G. m. b. H. (90, 91) – Hans Langenberg (20/21, 55) – LIPS Propeller Works, Drunen, Holland (48) – Bernd Mirbach (80, 81, 82, 104) – PEINER AG (78) – Gebrüder Sulzer AG (46) – THYSSEN Umformtechnik (70/71).*
Sämtliche Schiffsschnitte und die Zeichnungen auf den Seiten 23, 38, 41, 43 und 56/57 stammen von Kirsten Teßmann.

Karte auf dem hinteren Vorsatz: *Karte mit Linienrouten der HAMBURG SÜD: Weltkarte im Äquatorialmaßstab 1:80 000 000, Deutsches Hydrographisches Institut, Hamburg.*

Fotos: *Contrans G. m. b. H. (Seite 69) – DEBEG G. m. b. H. (25, 38, 63) – FOTO FLITE, Ashford (8, 32) – HAGENUK G. m. b. H./»Raytheon« (34, 35) – HAMBURG-SÜD / Klaus-Dieter Hammer (98, 99), Jochen W. Meyn (16, 30, 62, 100), Werner Röpke (68) – HATLAPA G. m. b. H. (49) – p. a. kroehnert, Bremerhaven (8, 9, 40) – Rudolf Nüttgens, Hamburg (14, 19, 52, 54) – C. Plath G. m. b. H. (25, 33) – Orenstein & Koppel AG (89) – PEINER AG (79) – PREUSSAG-Minimax (61) – SKYFOTOS Ltd., New Romney (7, 15) – Gebrüder Sulzer AG (46) – Tritex Photographic Service Ltd., Ashwood (68) – THYSSEN Umformtechnik (70/71) – HAMBURG SÜD (110).*
Die Aufnahmen auf den Seiten 14, 19, 52 und 54 wurden nach einem Modell der Firma Modellbau Ihlenfeldt & Berkefeld in Hamburg gemacht. – Alle übrigen Fotos wurden vom Verfasser an Bord der Monte-Schiffe und auf dem Terminal am Schuppen 80 aufgenommen.

Schutzumschlagfoto: *HAMBURG SÜD*

Foto auf dem vorderen Vorsatz: *Sky Fotos Ltd., Little Stone Road, New Romney, Kent (Neg. No. CW 25348).*

Auskünfte und Unterlagen *verdankt das Buch folgenden Firmen und Behörden:*
Davit-Company, Delmenhorst — DEBEG G.m.b.H., Schiffselektronische Anlagen, Hamburg — Deutsche Bundesbahn, Zentralamt, Minden — Deutsche Schlauchbootfabrik Hans Scheibert G.m.b.H. & Co KG, Eschershausen — ELNA, Elektro-Navigation G.m.b.H., Rellingen — G + H Montage G.m.b.H. (Grünzweig + Hartmann/»Conair«), Hamburg — Hamburger Hafen- und Lagerhaus AG, Hamburg — HAGENUK G.m.b.H. (»Raytheon«), Hamburg — HATLAPA Uetersener Maschinenfabrik G.m.b.H. & Co, Uetersen — Fried. Krupp G.m.b.H. Kranbau, Wilhelmshaven — Linde AG, Aschaffenburg — MAFI-Transport-System G.m.b.H., Renningen — Orenstein & Koppel AG, Werk Lübeck — PEINER Maschinen- und Schraubenwerke AG, Peine — C. Plath G.m.b.H., Fabrik nautischer Instrumente, Hamburg — PREUSSAG AG-MINIMAX, Schiffs- und Sonderanlagen, Bad Oldesloe — Schiffahrts-Verlag »Hansa« C. Schroedter & Co, Hamburg — Gebrüder Sulzer AG, Winterthur/Schweiz — THYSSEN Umformtechnik, Werk Langschede — AG »Weser« Seebeckwerft, Bremerhaven.

CIP-Kurztitelaufnahme der Deutschen Bibliothek

Böer, Friedrich:
*Alles über ein Containerschiff / Friedrich Böer.
– Herford: Koehler, 1984.
ISBN 3–7822–0331–3*

ISBN 3 7822 0331 3; Warengruppe Nr. 41

© 1984 by Koehlers Verlagsgesellschaft mbH, Herford
Alle Rechte, insbesondere das der Übersetzung, vorbehalten
Schutzumschlag-, Einband- und Innentitelgestaltung: Martin Andersch, Hamburg, unter Verwendung des o. g. Fotos
Gesamtherstellung: Schiffahrts-Druckerei Schroedter & Hauer GmbH & Co. KG, Hamburg
Printed in Germany

Inhalt

Über Containerschiffe und Container 7
Wie die *Monte*-Schiffe gebaut wurden . . . . 8—9
Die wichtigsten technischen Daten 11
Ein *Monte*-Schiff im Längsschnitt . . . . 12—13
Die Besatzung des Schiffes 16
Der Kapitän und die Schiffsoffiziere 17
Der Decksaufbau im Längsschnitt . . . . 20—21
Die Kommandobrücke — Instrumente auf dem Brückenfahrpult . . . . 22—23
Satellitennavigation — Kreiselkompaß und Magnetkompaß . . . . 24—25
Der Dienst auf der Brücke — Das Schiff legt ab —
    Einteilung der Seewachen — Die Fahrt auf dem Revier — Die Seereise
    beginnt — Fahrt in Küstennähe — Wie das Schiff seinen Weg auf See findet . . . 26—32
Das Echolot — Die elektromagnetische Fahrtmeßanlage 33
Das Radargerät . . . . 34—35
Die Aufgaben der Funkstation — Der Funkoffizier . . . . 36—37
Die Maschinenanlage — Das Maschinenpersonal 39
Der Maschinenraum in Aufsicht, Längsschnitt und Querschnitt . . . . 41—45
Hauptmaschine, Wellengenerator, Hilfs-Diesel . . . . 46—47
Bugquerstrahlruder — Rudermaschine . . . . 48—49
Der Maschinenkontrollraum . . . . 50—51
Trimmpult — Positionslaternen 53
Das Vorschiff im Längsschnitt 55
Allerlei Einrichtungen an Deck — Decksaufsicht der *Monte Rosa* . . . . . . 56—57
Arbeiten der Decksmannschaft — Die Anker . . . . 58—59
Sicherheits- und Rettungseinrichtungen . . . . 60—63
Vom Stückgutfrachter zum Vollcontainerschiff . . . . 64—65
Die Bauweise der Containerschiffe 66
Ballasttanks — Freibordmarke 67
Ein Container ist ein genormter Ladungsbehälter 69
Gebräuchliche Containertypen . . . . 70—71
Terminal und Packschuppen — Wo bekommt der Verlader einen
    Container her? . . . . 72—73
Im Schuppen und an der Packstation . . . . 74—77
Containerkrane — Flurfördermittel — Stapelgeräte — Transportfahrzeuge . . . 78—82
Ein Containerschiff wird beladen . . . . 83—85
Wie die Container an Deck verzurrt werden . . . . 86—87
Fahrbare Containerkrane an Deck . . . . 88—89
Von der Kühlmaschine über den Kühlstab zum Kühlcontainer . . . . 90—91
Informationen und Dokumente begleiten den Container . . . . 92—93
Der „Bay-Plan" zeigt, wo die Container im Schiff stehen . . . . 94—95
Das Containerschiff soll auslaufen 96
Die Hilfe des Computers — Jeder Container hat seine eigene Nummer 97
Im Rechenzentrum der Hamburg-Süd . . . . 98—99
Der Container an Bord — Schiffspapiere . . . . 100—101
Küche und Bedienung — Proviant für eine Reise — Wer zur See fahren will . . . . 102—103
Wie wohnt die Besatzung? — Wäscherei — Schwimmbad, Bar, Hospital . . . . 104—105
Was tut die Besatzung in ihrer Freizeit? 105
Über die Containerdienste der Hamburg-Süd . . . . 106—107
Die Vollcontainer-Flotte der Hamburg-Süd . . . . 108—110
Stichwortverzeichnis 111-112

Vorwort

Der Grundgedanke war: Ich wollte ein Schiff beschreiben, ein Containerschiff. Denn der Leser, der wissen will, was es auf einem solchen Schiff alles zu sehen gibt, muß sich nicht viele, sondern ein Schiff gründlich ansehen. In den wichtigsten Einrichtungen und Aufgaben sind alle Schiffe einander gleich oder doch ähnlich.

Ein einziges Schiff (und seine beiden fast gleichen Schwesterschiffe) ist deshalb hier beschrieben, ein modernes großes Seeschiff, als Ganzes und in seinen Einzelheiten, vom Bug zum Heck, vom Peildeck bis zum Doppelboden, seine Besatzung, sein Betrieb und seine Aufgaben.

In den ersten Auflagen dieses Buches hatte ich ein Schiff der *Santa*-Klasse der Hamburg-Südamerikanischen Dampfschifffahrtsgesellschaft Eggert & Amsinck beschrieben. Als die Reederei im Jahre 1961 die *Cap San*-Schiffe in Dienst stellte, ersetzte ich mein erstes Buch durch ein neues über einen dieser modernen Schnellfrachter.

In der Seeschiffahrt hat sich vieles grundlegend geändert. Die Hamburg-Süd hat eine ganze Flotte von Containerschiffen bauen lassen, die fahrplanmäßig ihren Dienst zwischen Nordamerika, Australien und Neuseeland und zwischen Hamburg, Bremen, Rotterdam und Antwerpen und Buenos Aires, Montevideo und Santos (seit 1980 im Containerverkehr) versehen.

Einen dieser Südamerika-Fahrer, das Vollcontainerschiff M.S. *Monte Rosa* (und seine Schwesterschiffe M.S. *Monte Cervantes* und *Columbus Queensland*) schildert dieses Buch in allen seinen Bereichen: als schwimmendes Bauwerk, eingerichtet mit vielen Maschinen und technischen Anlagen, als Arbeitsplatz und Wohnung für eine kleine, hochqualifizierte Besatzung und einen zuverlässigen Beförderer von Handelsgütern — in Containern. Die Darstellung alles dessen, was zum Containerverkehr gehört, und die Beschreibung der vielen interessanten Arbeitsvorgänge an Bord und im Hafen nehmen fast die Hälfte dieses Buches ein.

Der Hamburg-Südamerikanischen Dampfschifffahrtsgesellschaft Eggert & Amsinck habe ich dafür zu danken, daß sie mir Gelegenheit gab, die *Monte*-Schiffe eingehend kennenzulernen. Besonderen Dank schulde ich den Kapitänen, Ingenieuren und Fachleuten der Reederei, namentlich den Kapitänen Claus Rabe, Heinz Schweitzer und Detlef Wichmann sowie den Herren Wolfgang Grabellus, Walter Katzenburg und Aribert Otten, die mir in unzähligen Gesprächen Anregung, Auskunft und Hilfe geschenkt und damit viel zum Gelingen des Buches beigetragen haben. Sehr zu Dank verpflichtet bin ich Herrn Professor Dr. Hermann Junge von der Fachhochschule Hamburg, Fachbereich Seefahrt, für die kritische Durchsicht des nautischen Teils und für viele wertvolle Hinweise.

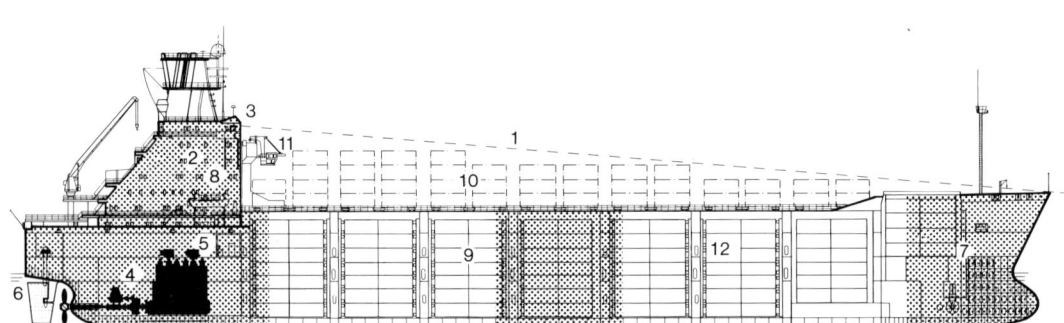

Wie dieses Buch aufgebaut ist: *(Eingehender im „Inhalt" auf Seite 5): Das Schiff als Ganzes (1) — Die Besatzung — Der Decksaufbau (2) — mit Kommandobrücke (3) — und Einrichtung der Aufbaudecks — Maschinenraum (4) — und Maschinenkontrollraum (5) — Ruder und Rudermaschine (6) — Das Vorschiff mit Ankergeschirr und Bugquerstrahlruder (7) — Sicherheits- und Rettungseinrichtungen (8) — Die Bauweise eines Containerschiffes (9) — Der Container (10) — Laden und Löschen — Bordeigene Containerkrane (11) — Kühleinrichtungen (12) — Die Hilfe des Computers.*

Die punktierten Flächen auf der Schnittzeichnung oben geben an, welche Teile des Schiffes in großen Übersichtsschnitten gezeigt werden.

Die Monte Cervantes *auf der Fahrt durch die Nordsee.*

Über Containerschiffe und Container

In der Geschichte der Seeschiffe zählen die modernen Containerschiffe vielleicht zu den auffälligsten Typen. Hochbeladen rauschen sie vorbei. Ihre lange Deckslinie ist wie am Lineal gezogen. Über dem Achterschiff türmt sich ein vielstöckiger Decksaufbau. In ihren tiefen Laderäumen erheben sich hohe Gerüste, in denen die Container aufeinander- und nebeneinanderstehen.

Was sind das für Schiffe, die nur dazu bestimmt sind, mehr als tausend gleichgroße Kisten zu befördern, deren Inhalt man nicht einmal ahnen kann? Schiffe, die nur für einen oder zwei Tage in den Häfen der Welt aufkreuzen, dort ihre vollen oder leeren Behälter schnell löschen und andere laden und wieder auf die weite Fahrt gehen, um pünktlich auf den Tag genau im nächsten Hafen festzumachen.

Von Containerschiffen handelt dieses Buch und von Containern. Denn die Container waren zuerst da, und für die Container sind auch in Europa im Lauf der vergangenen zwanzig Jahre die Containerschiffe entwickelt worden und die vielen Einrichtungen und Geräte, die zum Bild des Containerhafens gehören: Containerbrücken, mit deren Hilfe die Containerschiffe beladen und gelöscht werden, große und kleine Flurförderfahrzeuge, die Container befördern und drei- oder vierfach aufeinander stapeln können, weite Lagerflächen für die Stapelung von Containern, Schuppen und Packstationen, ein hochentwickeltes Computersystem und vieles andere, — eine ganz neue technische Welt, nur für Container und Containerschiffe.

Der Schiffstyp, der hier beschrieben wird, ist charakteristisch für den neuen Linienfrachter auf den Weltmeeren: das Vollcontainerschiff, — ein Schiffstyp, den es vor zwanzig Jahren noch nicht gab. Seine besondere Bauart wird gezeigt, seine Einrichtungen und seine Arbeitsweise, seine Besatzung und ihre Aufgaben, sein alltäglicher Betrieb, Maschinen, Sicherheitsfragen und ausführlich alles, was mit seiner Ladung zusammenhängt: mit dem Container.

Viele Fragen: Wie sieht ein Containerschiff innen aus? Wie werden Container in den Laderäumen verstaut, ohne daß sie durcheinander geraten? Wie faßt ein Kran einen Container an, und wie „fädelt" er ihn in das Führungsgerüst an Bord ein? Wie gelangt so eine Riesenkiste genau auf den richtigen Platz im Schiff und wie findet der Kranführer sie im Zielhafen aus den Hunderten gleichförmiger Kisten heraus? Man möchte wissen, wie die Container in mehreren Lagen übereinander an Deck gesichert werden, damit sie auf der Reise nicht verrutschen, wie ein Schiff mit einer so hohen Decksladung im Gleichgewicht gehalten wird, und vieles mehr.

Auf alle diese Fragen will das Buch eine Antwort geben und vieles anschaulich in Fotos und Schnittzeichnungen erklären.

 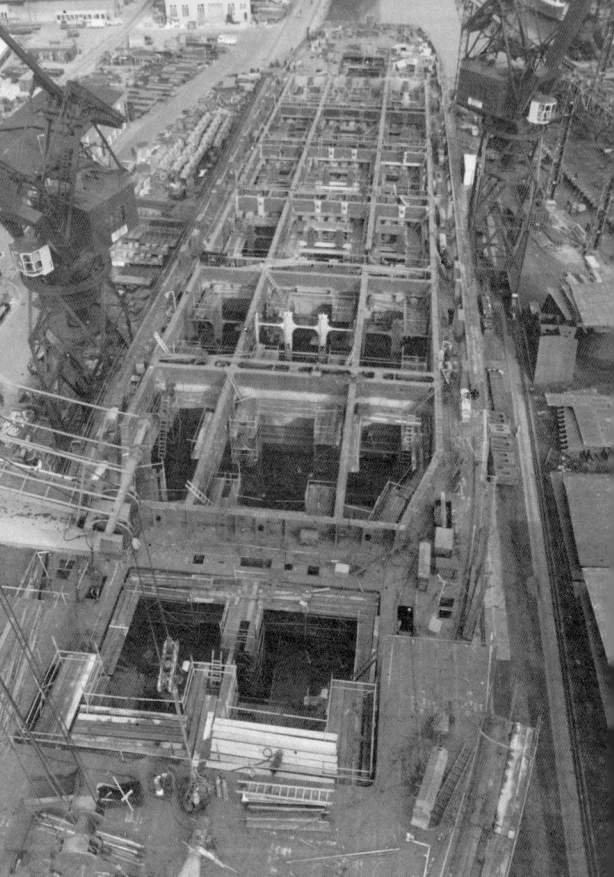

Das Vorschiff ist bis zur Tankdecke der Hochtanks fertiggestellt. Die Seitenwände (Außenhaut mit Spanten) sind achtern bis zur Hälfte des Vorschiffes aufgeführt. Stellagen für den Aufbau der noch fehlenden Querschotte und Lukensülle sind bereits errichtet.

Die Außenhaut ist geschlossen, Querschotte, Lukensülle und Decks sind fertiggestellt. Die Ausrüstung mit Führungsgerüsten („Cell Guides") für die Container hat begonnen.

Wie die *Monte*-Schiffe gebaut wurden

In den Jahren 1978 und 1979 hat die Hamburg-Südamerikanische Dampfschifffahrtsgesellschaft zur Verjüngung und Ergänzung ihres Schiffparks bei der AG „Weser", Seebeckwerft Bremerhaven eine Serie von Containerschiffen von je rund 20 000/ 24 000 tdw und einer Geschwindigkeit von 19 kn in Auftrag gegeben. Der Entwurf, den die Werft zusammen mit der Neubauabteilung der Reederei entwickelte, vereinigte die neuesten Erkenntnisse der Schiffbautechnik mit den besonderen Bedingungen für die Containerdienste der Amerika-/Australien-/ Neuseeland-Fahrt und der Südamerika-Fahrt.

Die Schiffe wurden ausgerüstet mit Kühlstäben für 20-Fuß-Kühlcontainer unter Deck. Die Monte Rosa erhielt einen Portalkran (Gantry-Kran) für 20-Fuß-Container und die Monte Cervantes einen Portalkran mit 25 t Tragfähigkeit, der auch 40-Fuß-Contai-

ner laden und löschen kann. Die Columbus Queensland hat keinen Kran, kann aber, falls erforderlich, kurzfristig damit ausgerüstet werden.

Wie jedes andere Schiff, so entstanden auch die Schwesterschiffe in vier Arbeitsabschnitten: Zuerst wurde durch Modellschleppversuche die günstigste Schiffsform ermittelt. Nach den endgültigen Zeichnungen begann dann die Werft mit dem Bau.

In ihren Werkstätten wurden aus planen Stahlplatten und geraden Stahlprofilen der verschiedensten Querschnitte Teile des Schiffskörpers gefertigt und zu Sektionen verbunden, die dann auf der Helling, dem eigentlichen Schiffbauplatz, zusammengeschweißt wurden, bis der schwimmfähige Schiffsrumpf vom Stapel zu Wasser gelassen werden konnte.

Der im Stahlbau fertige Schiffsrumpf ist bereits gestrichen und wird für den Stapellauf mit Ankerketten und Ankern zum Aufstoppen des Schiffes vorbereitet. Die Arbeiten an Propeller und Ruder sind noch nicht abgeschlossen.

Die von Spezialfirmen zugelieferten Maschinen wurden teilweise vor und teilweise nach dem Stapellauf während der Ausrüstungszeit am Ausrüstungskai eingebaut.

Nach erfolgreicher Probefahrt wurden dann die Schiffe von der Reederei übernommen und in Dienst gestellt.

Die Bauzeit jedes der drei Schiffe von der Kiellegung bis zum Stapellauf betrug vier Monate, bis zur Ablieferung an die Reederei weitere sechs Monate.

(Weiteres über Bauweise und besondere Einrichtungen der Containerschiffe auf den Seiten 66/67).

Das Schiff beim Stapellauf. Es gleitet auf einer mittleren Hauptablaufbahn und zwei kleineren seitlichen Stützbahnen, die zur besseren Gleitfähigkeit mit Spezialfett eingeschmiert sind. Hauptmaschine, Hilfsmaschinen, Propellerwelle und andere Teile sind bereits eingebaut. — Nach dem Stapellauf wird das Schiff an den Ausrüstungskai verholt und dort fertiggestellt.

Die Monte Rosa *unterwegs nach Antwerpen. Aus der Vogelschau ist die charakteristische Form der* Monte-*Schiffe gut zu erkennen.*

Schiffe — so lang wie eine Straße, so hoch wie ein Haus

Schiffe sind die größten Beförderungsmittel für Menschen und Ladung, die es je gegeben hat. Da beim schwimmenden Schiff immer etwa die Hälfte des Schiffsrumpfes unter Wasser ist, wird dem Beschauer meist die wahre Größe eines Seeschiffes gar nicht bewußt. Erst der Größenvergleich zwischen einem Schiff und einem Haus oder einer Straße macht anschaulich klar, wie riesig die „Gefäße" sind, die auf weiten Reisen all das an Rohstoffen, Halb- und Fertigfabrikaten, an Gütern aller Art und besonders an Kühlladung über See befördern, was die Völker der Erde miteinander tauschen.

Die Containerschiffe der *Columbus*- und der *Monte*-Serie sind große, stark gebaute, schnelle Schiffe, die gut in der See liegen, viel schlechtes Wetter vertragen können und hervorragende Steuereigenschaften besitzen. Dabei sind sie wirtschaftlich arbeitende Schiffe, die viel laden, gut laufen und im Betrieb zuverlässig sind.

Die *Monte*-Schiffe sind nach den Vorschriften und unter Aufsicht der Schiffsklassifikationsgesellschaft „Germanischer Lloyd" gebaut worden und haben die Klasse

$$\text{GL} \maltese \text{ 100 A 4 E mit Freibord}$$
$$\text{+ MC + KAZ + AUT 24/24.}$$

Das Kreuz bedeutet, daß das Schiff unter der Aufsicht des „GL" = Germanischer Lloyd gebaut wurde; „100 A" bedeutet: 100 % Klasse A, d. h. nach den Vorschriften für stählerne Seeschiffe gebaut; „4" = Alle vier Jahre muß die Klasse erneuert werden; „E" = mit Eisverstärkung gebaut; „MC" = Maschine; „KAZ" = Kühlanlagenzeugnis; „AUT 24/24" = Automatischer Betrieb 24 Stunden wachfrei.

So lang wie eine Straße

Schiff und Häuser sind im gleichen Größenverhältnis dargestellt. Erst wenn man sich ein Schiff auf ebenem Kiel hinter einer Großstadtstraße vorstellt wie hier im Bilde, wird einem klar, welche Mengen Ladung ein Schiff auf einer einzigen Reise über See befördern kann.

Die wichtigsten technischen Daten

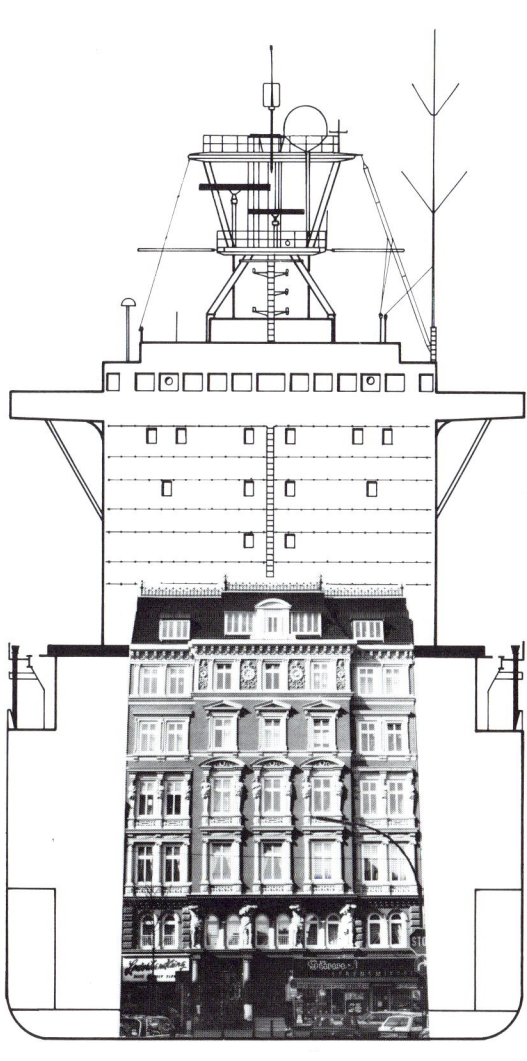

	Columbus Queensland	Monte Rosa Monte Cervantes
Länge über alles	184,9 m	184,9 m
Länge zwischen den Loten	174,2 m	174,2 m
Größte Breite auf Spanten	28,0 m	28,0 m
Seitenhöhe bis Hauptdeck (1. Deck)	16,1 m	16,1 m
Seitenhöhe bis 2. Deck	12,0 m	12,0 m
Von Kiel bis Peildeckreling	35,0 m	35,0 m
Freibord-Tiefgang	10,0 m	10,0 m
Tragfähigkeit maximal	24 320 t	23 520 t
Vermessung in BRT	21 871 BRT	21 867 BRT
Vermessung in NRT	16 018 NRT	16 118 NRT
Zahl der 20-Fuß-Container unter Deck	746 TEU*	746 TEU
Zahl der 20-Fuß-Container an Deck	304 TEU	304 TEU
	1 050 TEU	1 050 TEU
Hauptantriebsmaschine	14 400 PS	14 400 PS
	10 600 kW	10 600 kW
Geschwindigkeit (Probefahrt)	19,2 kn	19,0 kn
Propellerdrehzahl	122 min^{-1}	122 min^{-1}
	(U/min)	(U/min)

*) TEU = **T**wenty**f**oot **e**quivalent **u**nit. Die Stellplatzkapazität eines Containerschiffes wird international in 20-Fuß-Containern ausgedrückt. Beispiel: ein 40-Fuß-Container = 2 TEU.

Allein die Laderäume sind so hoch wie ein fünfstöckiges Haus

Auch dieser Größenvergleich macht das riesige Fassungsvermögen eines großen Schiffes, wie hier die Monte Rosa, *besser anschaulich als Zahlen und Worte.*

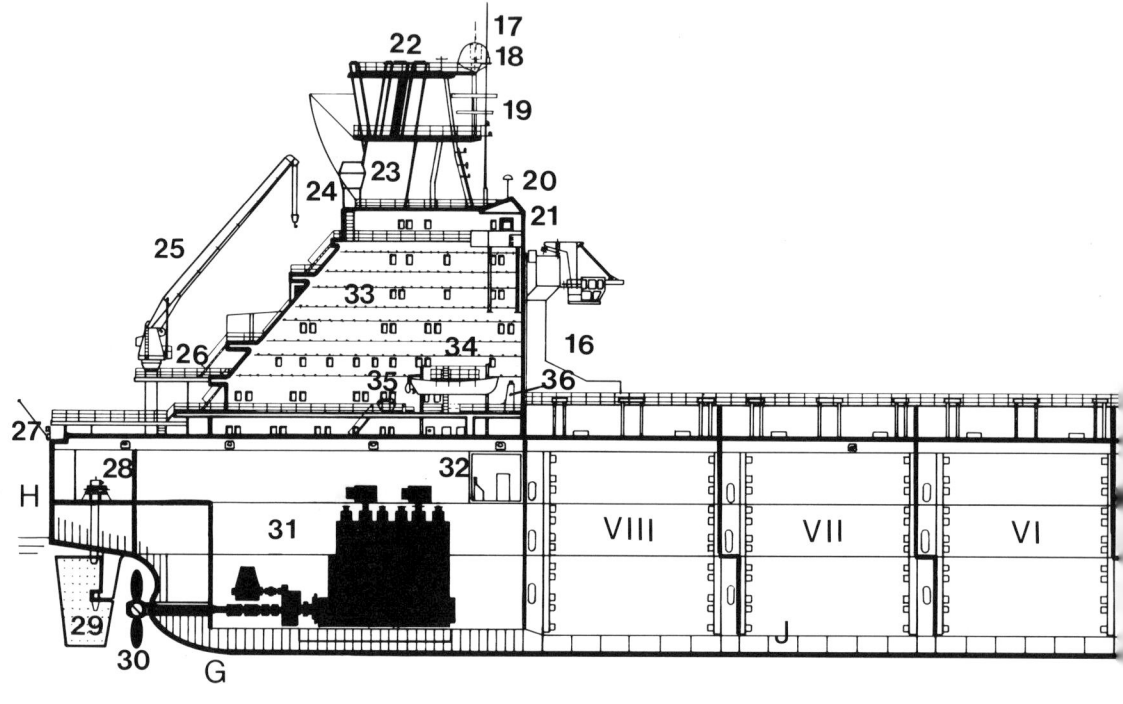

Das Schiff im Längsschnitt

Wer ein Schiff genau kennenlernen will, muß sich vorher in seinen „Generalplan" vertiefen; das ist ein Übersichtsplan für das gesamte Schiff, den die Bauwerft neben ungezählten Einzelplänen gewissermaßen als Hauptplan für den Bau benutzt. Die beiden Zeichnungen auf dieser Seite und auf Seite 56/57 sind aus den Generalplänen der Monte-Schiffe entwickelt, der leichteren Übersicht wegen aber sehr vereinfacht worden. Ein Längsschnitt und eine Decksaufsicht (auf Seite 56/57) genügen, um die Einteilung eines Monte-Schiffes in seiner ganzen Länge zu zeigen, besonders auch die verschiedenen Decks; von oben nach unten: Siebentes bis Erstes Aufbaudeck, Erstes (Hauptdeck) und Zweites Deck, Plattformdeck, Doppelboden. Zehn Querschotte — eiserne Querwände, die bis zum obersten durchlau-

Oben: Längsschnitt durch das Vollcontainerschiff Monte Rosa

A: *Vorsteven*	**1:** *Funkantenne*
B: *Bug*	**2:** *Anker- und Topplaternen*
C: *Wulstbug*	**3:** *Vormast mit Leiter*
D: *Vorpiek*	**4:** *Galgen für die Bootsmannsstores*
E: *Kollisionsschott*	**5:** *Walzenklüse*
F: *Querschotte*	**6:** *Klüse*
G: *Achterpiekschott*	**7:** *Ankertasche*
H: *Heck*	**8:** *Bootsmannsstore und Kabelgatt*
J: *Doppelboden*	**9:** *Bugstrahlruder*
K: *Backdeck*	**10:** *Strömungsausgleichsrohr*
I–VIII: *Laderäume*	**11:** *Ballastwassertank*
	12: *Schweröltank*
	13: *Seitengang (Betriebsgang)*

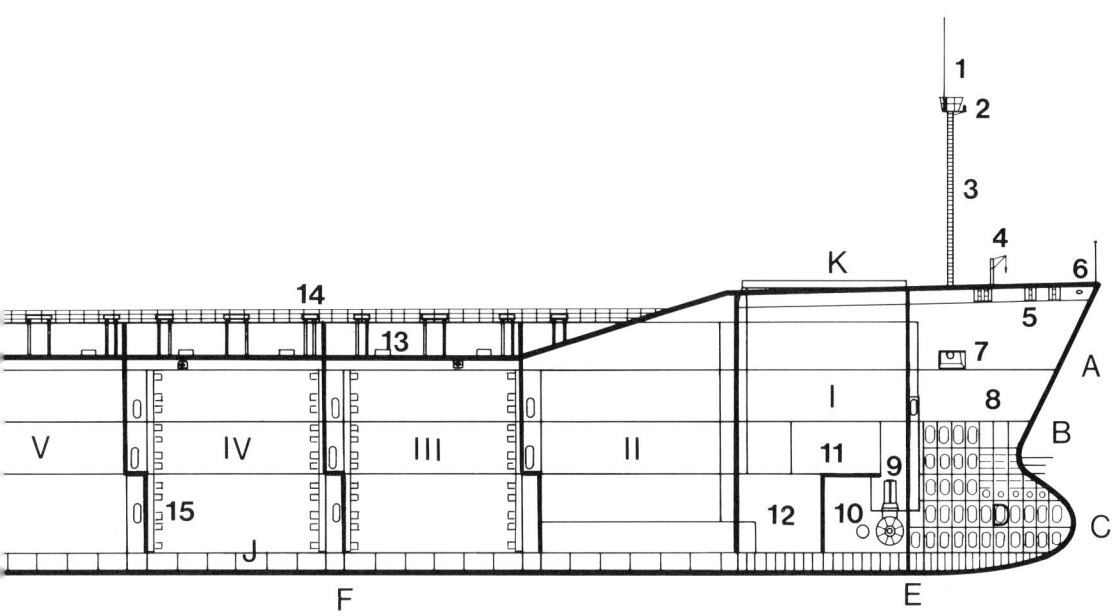

fenden Deck gehen — teilen das Schiff in wasserdicht abschließbare Räume, die es schwimmfähig halten sollen, wenn einer oder zwei von ihnen durch einen Wassereinbruch vollaufen. Wir sehen die Laderäume I bis VIII, den Maschinenraum, den Rudermaschinenraum, den Vormast, den Gantrykran (Portalkran) und viele andere Einzelheiten, die wir auf den folgenden Seiten kennenlernen werden.

Ein Schiff ist ein Bauwerk von höchster Zweckmäßigkeit. Jeder Raum ist sinnvoll ausgenutzt; auch die Zellen des Doppelbodens, die das Schiff bei Beschädigung des Schiffsbodens vor einem Wassereinbruch schützen sollen, sind nutzbar gemacht: in ihnen führt das Schiff Treibstoff, Frischwasser und Ballastwasser mit.

(Die meisten Ziffern kommen in der Zeichnung nur einmal vor!)

14: *Stützen und Böcke für aufliegende Container*
15: *Kühlstäbe für die Kühlcontainer*
16: *Fahrbarer Container-Portalkran ("Gantry-Kran")*
17: *Kreuzrahmenantenne für Sichtfunkpeiler mit Hilfsantenne*
18: *Antennenkuppel für Satelliten-Telex*
19: *Radarantennen*
20: *Rundfunk- und Fernsehantenne*
21: *Kommandobrücke und Nock*
22: *Abgasrohre*
23: *Schornstein*
24: *Lüfterköpfe*

25: *5-t-Ausrüstungs- und Proviantkran*
26: *Schwimmbad*
27: *Heck- und Ankerlaterne*
28: *Rudermaschine*
29: *Ruder*
30: *Verstellpropeller*
31: *Maschinenraum*
32: *Maschinenkontrollraum*
33: *Hand- und Fußpferde (siehe S. 62)*
34: *Motorrettungsboot*
35: *Rettungsinseln*
36: *Stopper für die Seezurrung des Portalkrans*

Das stromlinienförmige Halbschweberuder

ist aus starken Stahlplatten zusammengeschweißt. Von den „Ahmings", den an Vor- und Achtersteven aufgemalten Ziffern, läßt sich der jeweilige Tiefgang des Schiffes (gemessen von der Unterkante Kiel bis Unterkante Zahl) in Dezimetern und englischen Fuß ablesen.

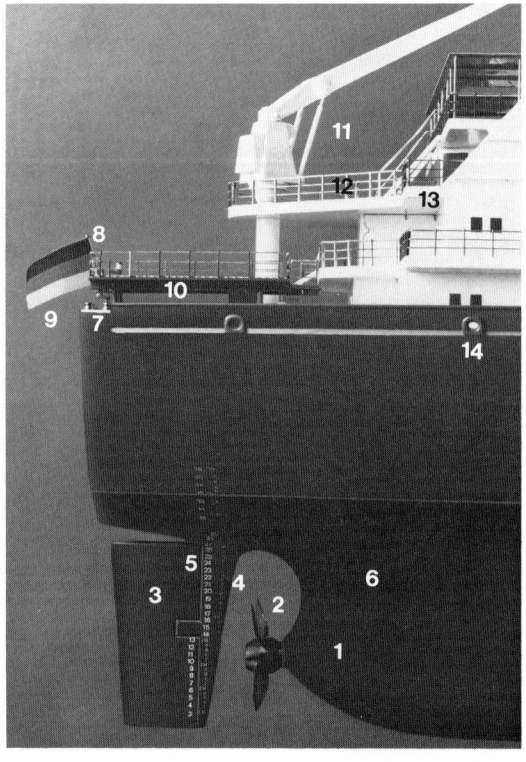

Das Vorschiff im Modell

1: *Vormast* – **2:** *Klüse* – **3:** *Walzenklüse* – **4:** *Gösch (Flagge des Heimathafens)* – **5:** *Ankertasche* – **6:** *Warnzeichen für das Bugstrahlruder* – **7:** *Warnzeichen für den Wulstbug* – **8:** *Ahming (Angabe des Tiefgangs)* – **9:** *Ausgleichsrohr für das* **10:** *Bugstrahlruder* – **11:** *Wulstbug.*

Das Achterschiff im Modell

1: *Achtersteven* – **2:** *Verstellpropeller* – **3:** *Halbschweberuder* – **4:** *Ruderhorn mit Lager* – **5:** *Ahming* – **6:** *Unterwasseranstrich gegen Bewuchs* – **7:** *Lippenrollen* – **8:** *Heck- und Ankerlaternen* – **9:** *Nationalflagge* – **10:** *Podest als Container-Plattform* – **11:** *Ausrüstungs- und Proviantkran* – **12:** *Reling* – **13:** *Schwimmbad* – **14:** *Klüse.*

Der stark ausfallende Vorsteven

läuft unten in einem Wulst aus. Die strömungsgünstige Tropfenform bewirkt eine höhere Geschwindigkeit bei einer bestimmten Antriebsleistung oder – anders ausgedrückt – für eine bestimmte Geschwindigkeit eine Ersparnis an Treibstoff.

Der Verstellpropeller

hat im Gegensatz zum Festpropeller vier verstellbare Flügel, mit deren Verdrehung sich die Schiffsgeschwindigkeit von „Voll voraus" bis „Voll zurück" steuern läßt, ohne daß der Propeller seine Drehrichtung ändert. Der Propeller besteht aus einer seewasserbeständigen Bronzelegierung, hat einen Durchmesser von 5,8 m und wiegt 18,5 t. Von drei Stellen im Schiff aus – von der Brücke, vom Maschinenkontrollraum und im Notfall an der Propellerwellenleitung selbst – kann die Flügelstellung verändert werden. Bei voller Fahrt macht der Verstellpropeller 122 Umdrehungen in der Minute.

14

Die *Monte Rosa* aus der Vogelschau

Auf diesem Bild kann man gut erkennen, wo sich die verschiedenen Einrichtungen an Deck befinden, die in diesem Buch an anderen Stellen ausführlicher beschrieben werden. Zum Vergleich betrachte man den Längsschnitt Seite 12/13, die Deckaufsicht auf Seite 56/57 und die Modellfotos auf Seite 19, 52 und 54.

1: *Vormast* – **2:** *Ankergeschirr* – **3:** *Ladeluken* – **4:** *Schanzkleid mit Walzenklüsen* – **5:** *Stützen für aufliegen-* de Container – **6:** Antennengehäuse für Satelliten-Telex – **7:** *Obere Schornsteinplattform* – **8:** *Peildeck* – **9:** *Brückennock* – **10:** *Lüfterköpfe* – **11:** *Motorrettungsboot* – **12:** *Zwei Rettungsinseln* – **13:** *Ausrüstungskran* – **14:** *Montageöffnung für den Maschinenraum* – **15:** *Schwimmbecken* – **16:** *Notausstieg aus dem Maschinenraum* – **17:** *Festmacherwinde* – **18:** *Festmacher-/Mooringwinde* – **19:** *Heck- und Ankerlaterne*

15

Die Besatzung der *Monte Rosa*

Abteilung „Deck" (siehe S. 17)
Kapitän
1. Offizier
2. Offizier
3. Offizier
Nautischer Offiziers-Assistent (2)*
Funkoffizier

„Decksmannschaft"
(siehe S. 58)
Bootsmann
Decksschlosser
drei Matrosen
Leichtmatrose
Decksjunge

Abteilung „Maschine" (siehe S. 39)
Leitender Ingenieur
2. Ingenieur
3. Ingenieur
zwei Elektriker
zwei Elektriker-Assistenten
zwei Technische Offiziersanwärter
 (TOA)
Lagerhalter
zwei Motorenwarte

Abteilung „Küche und
Bedienung" (siehe S. 102)
1. Koch
2. Koch (Bäcker)
1. Steward
Stewardess
Wäscher

* Mangels Ausbildungsplätzen auf anderen Schiffen wurde ein Offiziers-Assistenten-Platz zusätzlich zur Verfügung gestellt.

Der Kapitän und die Schiffsoffiziere

Die Besatzung dieser Containerschiffe besteht in der Regel aus 28 Personen, an ihrer Spitze der Kapitän als Führer des Schiffes. Er trägt die Verantwortung für das Schiff und die Menschen an Bord. Dabei muß er die verschiedensten Interessen vertreten: die der Reederei, der Besatzung, der Verlader und Empfänger der ihm anvertrauten Ladungen und der verschiedenen Versicherer, dies alles im Einklang mit den Gesetzen des eigenen Landes und der Länder, die sein Schiff anläuft, und mit den internationalen Verträgen. Ihm sind Menschenleben und Millionenwerte anvertraut, die er unbeschädigt und sicher über See ans Ziel bringen soll. Jedem in Seenot befindlichen Fahrzeug und Menschen muß er gegebenenfalls zu helfen suchen. Seinen schweren Pflichten entsprechen außerordentliche Befugnisse.

Eine weitreichende Aufgabenteilung erleichtert dem Kapitän seine verantwortungsvolle Arbeit:

Von den Nautischen Offizieren hat der 1. Offizier den inneren Betrieb der Abteilung „Deck" als besonderen Arbeitsbereich; er vertritt auf Anordnung oder notfalls den Kapitän. Ebenso wie die anderen nautischen Offiziere geht der 1. Offizier zweimal täglich seine vierstündige Seewache.

Der 2. Offizier ist als Ladungsoffizier für das Laden und Löschen verantwortlich, eine wichtige Aufgabe, da von der richtigen Stauung nicht nur der Zustand der Ladung, sondern besonders auch die Stabilität, der Trimm und die Sicherheit des Schiffes in bezug auf feuergefährliche Ladung abhängen. Neben dem Wachdienst auf See ist seine Zeit mit der Ausfertigung der Ladungspapiere und der laufenden Überwachung des Stauplans ausgefüllt.

Der 3. Offizier ist der Navigations- und Sicherheitsoffizier an Bord. Neben seiner Wachaufgabe sind ihm die Rettungsboote und Feuerlöscheinrichtungen sowie die Ausbildung der Rettungsmannschaft und des Feuerstoßtrupps anvertraut. Ferner ist er für die Berichtigung der Seekarten und Seehandbücher aufgrund der vom Deutschen Hydrographischen Institut herausgegebenen „Nachrichten für Seefahrer" verantwortlich. Schließlich ist er noch der „Medizinmann", der die Apotheke verwaltet und im allgemeinen die medizinische Versorgung der Besatzungsmitglieder übernimmt.

Die Technischen Offiziere (Ingenieure) versehen unter dem Leitenden Ingenieur den Dienst in der Abteilung „Maschine" (siehe Seite 39).

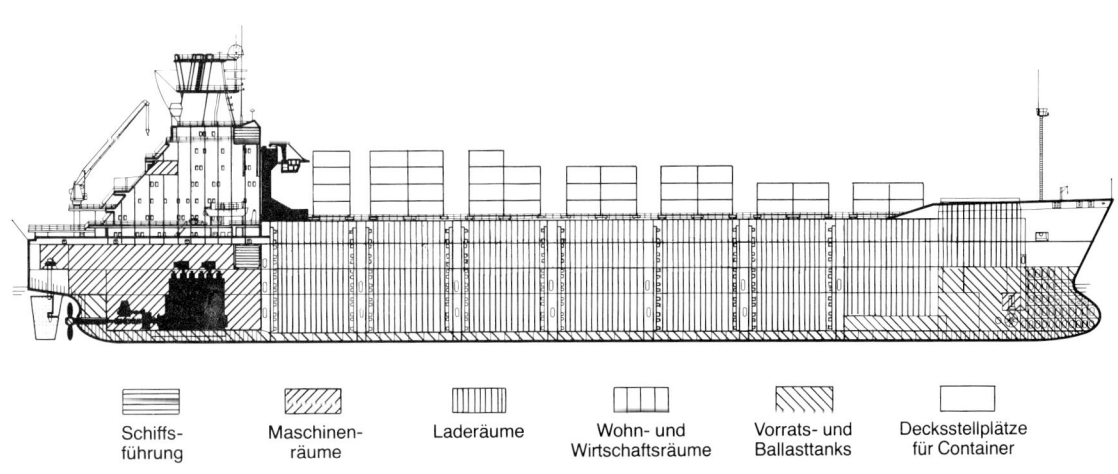

Schiffsführung   Maschinenräume   Laderäume   Wohn- und Wirtschaftsräume   Vorrats- und Ballasttanks   Decksstellplätze für Container

Die Zeichnung zeigt sehr vereinfacht, wie der Raum im Schiff eingeteilt ist und wo Schiffsführung, Besatzung, Maschinen, Ladung, Vorrats- und Ballasttanks untergebracht sind.

Wie das Schiff festgemacht ist

Von der Back sind drei Vorleinen und eine „Spring"-Leine durch Walzenklüsen an Land geführt und dort über Poller gehakt. Durch eine weitere Klüse ist eine Querleine an den Kai geführt. Das Achterschiff ist ähnlich – durch vier Achterleinen und eine „Spring" – am Kai festgemacht.

Die Fallreeps dienen als Treppe

*von und an Bord. Ihre Stufen sind so konstruiert, daß man unabhängig vom Wasserstand bzw. von der Höhe des Kais über der Wasserlinie stets sicher an Bord gelangen kann. Die hinteren Fallreeps an Steuerbord und Backbord sind für den Hafenbetrieb vorgesehen, die mittschiffs befindlichen (hier nicht sichtbaren) dienen auf Reede (d. h. einem Ankerplatz vor dem Hafen) von Fall zu Fall für die Übernahme des Lotsen oder von Vertretern der Behörden. Auf der Fahrt sind die Fallreeps waagerecht an der Reling des Schiffes in sogenannten „Taschen" beigeklappt und gelascht. Das Hieven des Fallreeps geschieht durch eine Elektrowinde, zu der das Drahtseil **X** hinführt.*

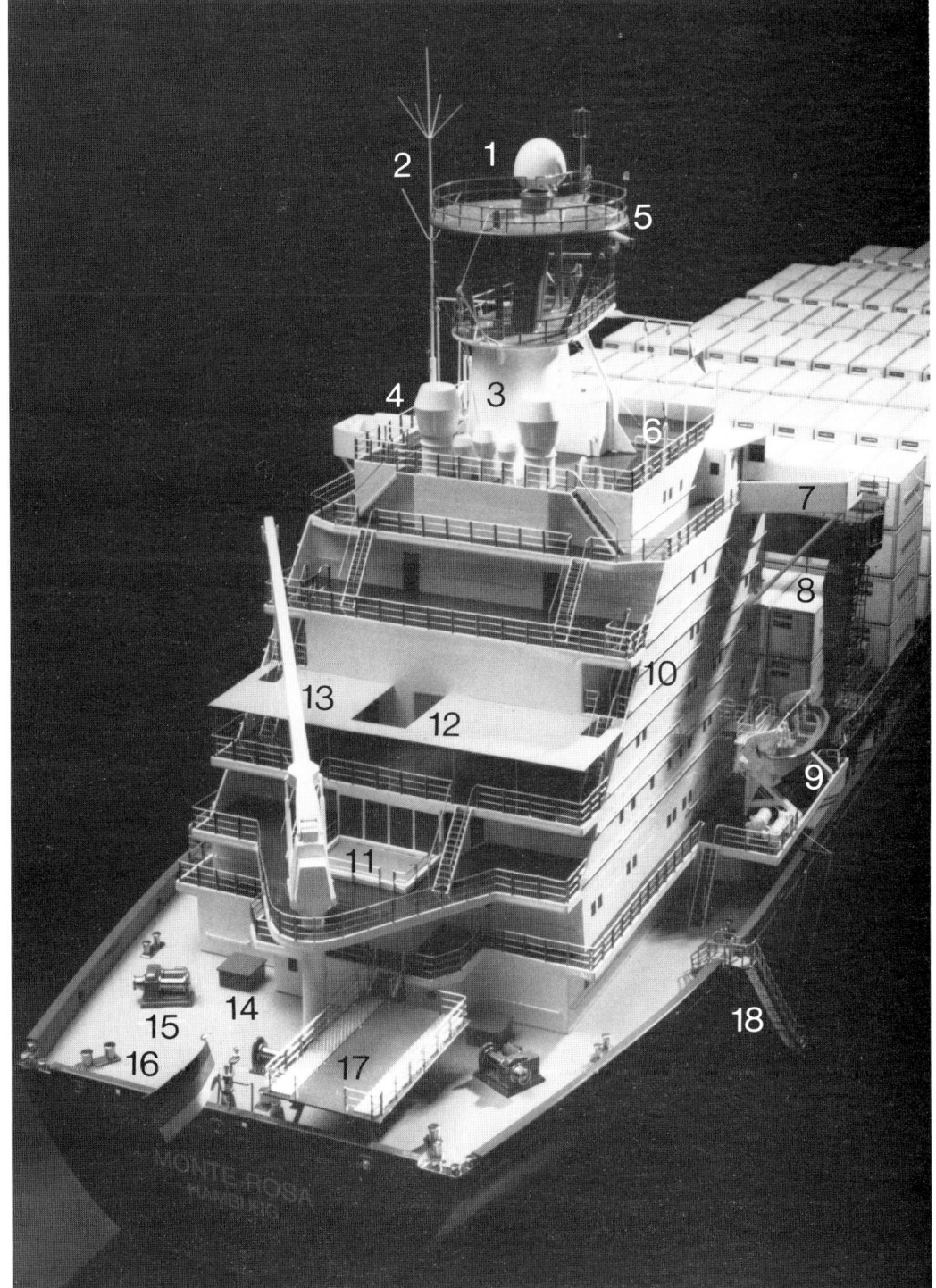

Blick auf das Achterschiff (Modell)

1: *Antennenkuppel für Satellitentelex und -telefon* – **2:** *Hauptsendeantenne* – **3:** *Schornstein* – **4:** *Lüfterköpfe* – **5:** *Obere Schornsteinplattform* – **6:** *Peildeck* – **7:** *Brückennock* – **8:** *Gantry-Kran* – **9:** *Motorrettungsboot* – **10:** *Hand- und Fußpferde* – **11:** *Schwimmbecken* – **12:** *Montageöffnung für den Maschinenraum* – **13:** *Ausrüstungs- und Proviantkran* – **14:** *Notausstieg aus dem Maschinenraum* – **15:** *Festmacher- und Mooringwinde* – **16:** *Doppelpoller* – **17:** *Container-Plattform* – **18:** *Fallreep.*

Der hohe Aufbau auf dem Achterschiff

enthält alle Einrichtungen zur Führung des Schiffes. Die Brücke mit dem Ruderhaus (Seite 23), dem Kartenraum (Seite 24) und der Funkstation (Seite 36/37) ist der eigentliche Kommandostand des Schiffes.

Unter dem Hauptdeck liegen die wichtigsten Energieerzeuger: die Hauptantriebsmaschine, die die Schiffsschraube antreibt, die Hilfsmaschinen usw. (Seite 47).

Im Decksaufbau befinden sich die Wohn- und Schlafräume des Kapitäns und der übrigen Besatzungsmitglieder. Jeder dieser Wohn-/Schlafräume ist mit einem separaten Duschbad und WC ausgestattet. Im Decksaufbau sind auch Küche und Bäckerei sowie der Behandlungsraum und das Hospital untergebracht.

Auf dem 2. Aufbaudeck (Bootsdeck) befinden sich zwei Motorrettungsboote für je 40 Personen, vier Rettungsinseln für je 12 Personen und eine Anzahl wichtiger Einrichtungen.

Die Umformer für die Radar- und Kreiselkompaßanlagen und der Not-Diesel-Raum sind aus praktischen und Sicherheitsgründen auf den höherliegenden Decks bzw. die Radar- und Funkpeilantennen auf dem Plattformdeck des Schornsteins untergebracht.

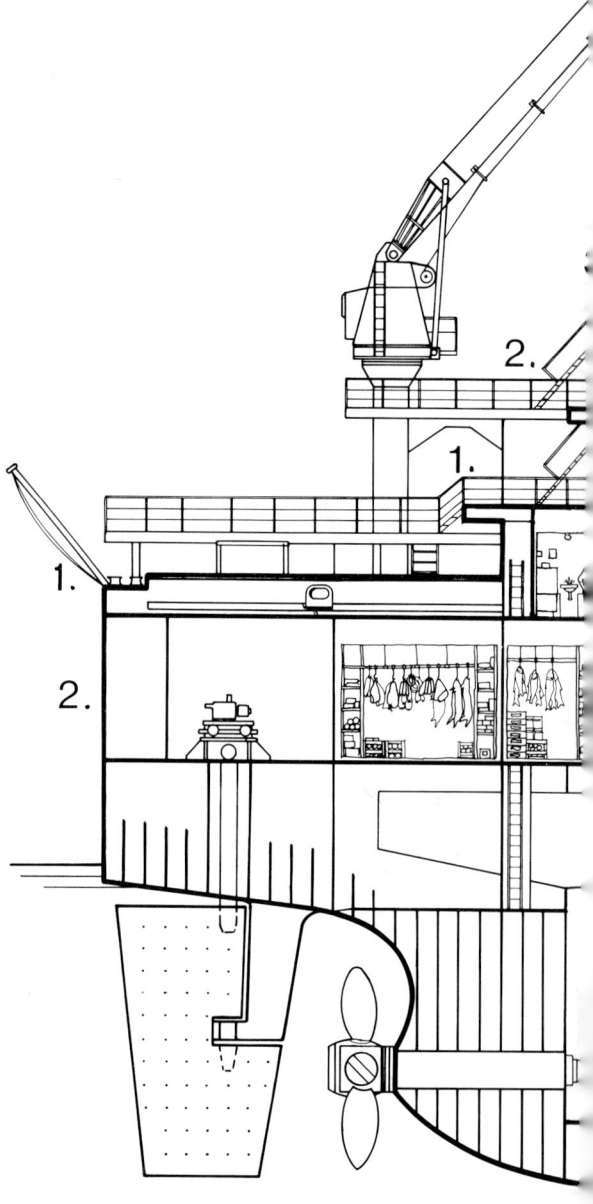

Rechts: Schnitt durch das Achterschiff

Der Anschaulichkeit wegen sind in der Zeichnung einige Räume von Backbord nach Steuerbord und umgekehrt versetzt worden. – Bb = Backbordseite.

6. Aufbaudeck: (von rechts nach links): Ruderhaus – Kartenraum – Funkraum – Funker Wohn/Schlafraum. – Bb: Umformer- und Transformatorenraum für Radar- und Kreiselkompaßanlagen (von 440 Volt auf 220 Volt Wechselstrom usw.) und Ladegerät für die Batterie der Notbeleuchtung.

5. Aufbaudeck: Kapitän Wohnraum und Schlafraum – Lotse – Store. – Bb: Leitender Ingenieur Wohnraum und Schlafraum – 2. Offizier Wohn/Schlafraum – Decksstore.

4. Aufbaudeck: 1. Offizier Wohnraum und Schlafraum – 2. Offizier und Nautischer Assistent je ein Wohn/Schlafraum – Bb: 2. Ingenieur Wohnraum und Schlafraum – 3. Ingenieur Wohn/Schlafraum.

3. Aufbaudeck: Bootsmann und Decksschlosser je ein Wohn/Schlafraum – Hospital – Ärztlicher Behandlungsraum – Not-Diesel-Raum – Bb: Elektriker Schlaf/Wohnraum – Ingenieur-Assistent, Storekeeper und Koch je ein Wohn/Schlafraum.

2. Aufbaudeck: 1. und 2. Steward je ein Wohn/Schlafraum – Offiziersmesse und Tagesraum – Pantry – Schwimmbad – Bb: Wohnraum und Schlafraum des Eigners – Bar – Salon.

1. Aufbaudeck: Je ein Wohn/Schlafraum für 3 Matrosen, 2 Leichtmatrosen und 1 Jungmann – Bb: Je ein Wohn/Schlafraum für 2 Motorwarte, 2 Motorhelfer (bzw. 2 Technische Offiziersanwärter = TOA), für den Kochsmaat und einen Matrosen.

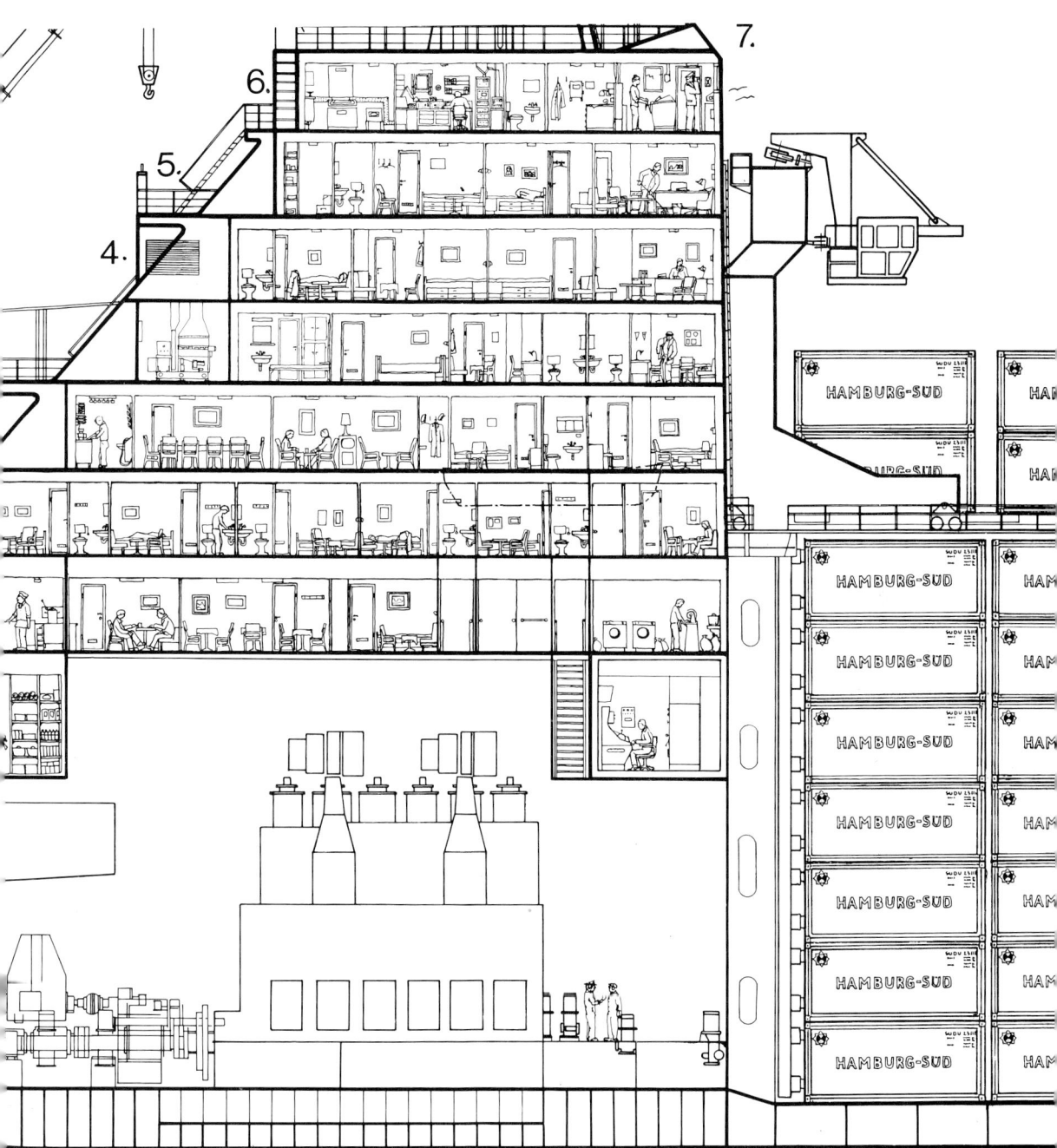

1. *Deck (Hauptdeck): Wäscherei – Wäscher Wohn/ Schlafraum – Mannschaftsmesse – Dutymesse – Küche und Bäckerei –* **Bb:** *Schlafraum für 2 Zöllner – Fernseh- und Hobbyraum – Pantry.*

2. *Deck: Maschinenkontrollraum – Zollstore – Proviant- kühlräume – Ruderanlage.*

Die Ziffern am Decksaufbau bezeichnon von oben nach unten die verschiedenen Decks: 7. Aufbaudeck (Peildeck), 6. Aufbaudeck (Brückendeck), 5. bis 2. Auf- baudeck, 1. Aufbaudeck. Darunter: 1. Deck (Hauptdeck) und 2. Deck.

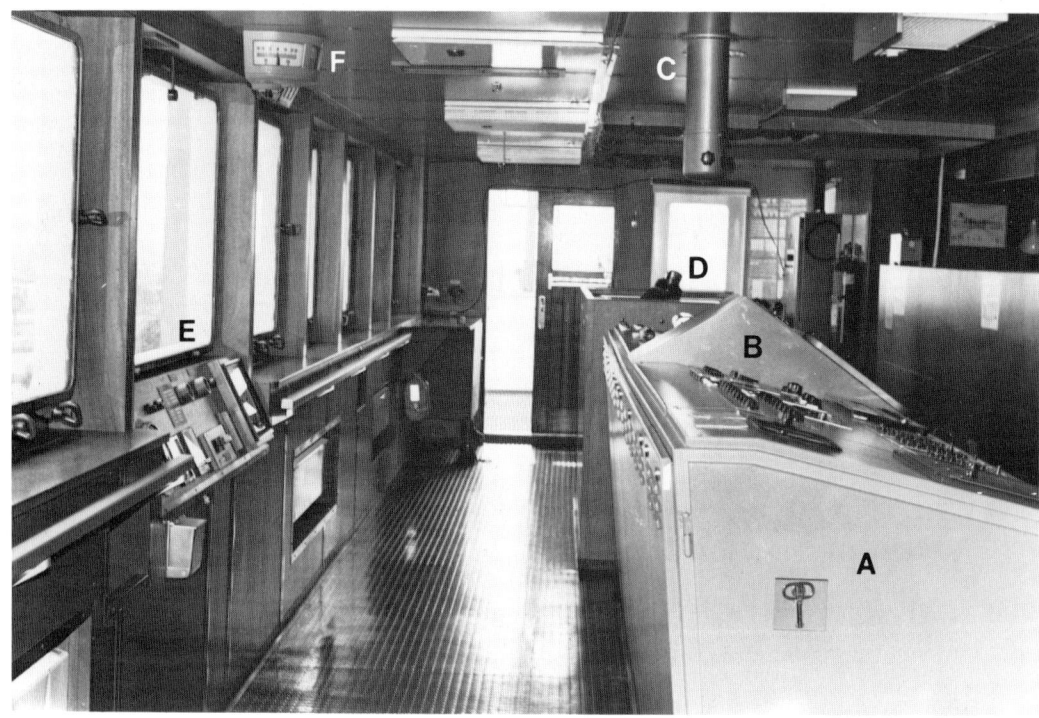

Die Kommandobrücke ist der Befehlstand des Schiffes

Ein Blick in das Ruderhaus

Im Ruderhaus befinden sich die wichtigsten Instrumente und Überwachungseinheiten, die zur Navigation und Sicherheit des Schiffes nötig sind. Sie sind aber nicht wie früher einzeln aufgestellt, sondern übersichtlich im Brückenfahrpult eingebaut. Von hier aus können auch die Maschinen des Schiffes direkt gesteuert und überwacht werden, wenn dies nicht vom Maschinenkontrollraum (Seite 50) aus geschieht. – **A:** Brückenfahrpult – **B:** Steuersäule – **C:** Spiegelreflexrohr zum Magnetkompaß auf dem Peildeck – **D:** Radargeräte – **E:** Lotsenfahrpult (Seite 28).

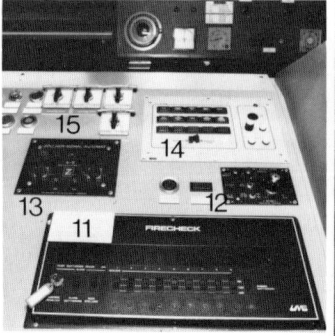

Überblick über das Brückenfahrpult (Montage)

1: Steuerkompaß und Selbststeueranlage – **2:** Kursanzeiger mit Dimmer (Helligkeitsregler) – **3:** Rudermaschinen-Alarmtableau, alarmiert bei Störungen an der Rudermaschine – **4:** Wechselsprechanlage zu Bug, Heck und Maschinenraum – **5:** Uhr mit Dimmer – **6a:** Batterieloses Telefon (bei Stromausfällen) – **6b:** Automatisches Telefon – **7a:** Bereitschafts- und Ingenieuralarmanlage, signalisiert Störungen im Maschinenbetrieb – **7b:** Kommandodrucker, notiert sämtliche Maschinenmanöver – **8:** Test- und Sicherheitspaneel für die Antriebsanlage – **9:**

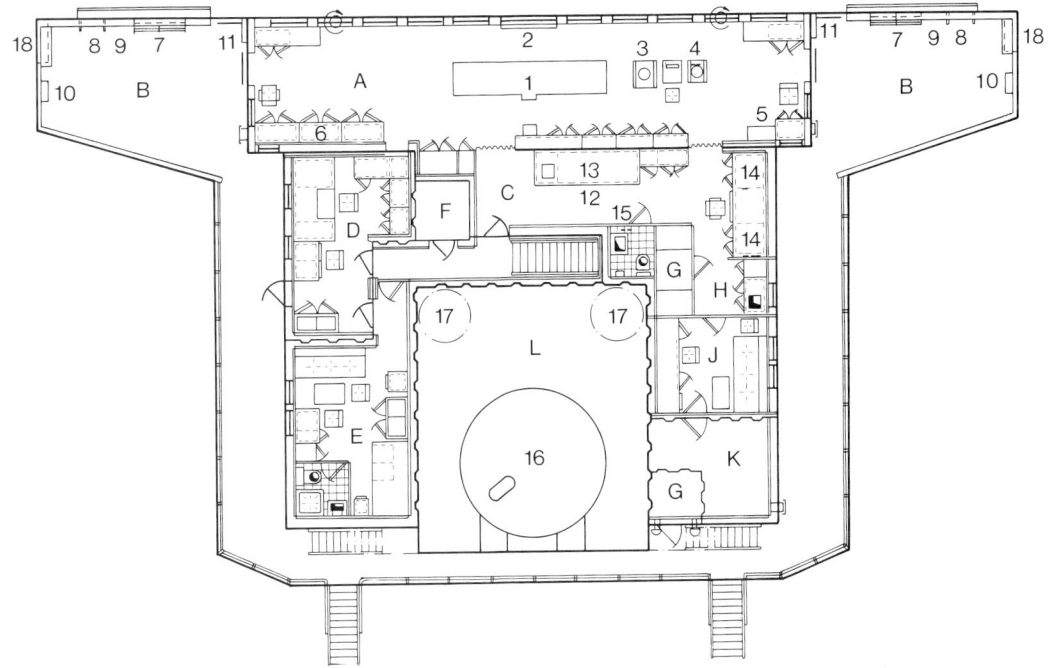

Grundriß der Kommandobrücke

A *Ruderhaus:* **1:** *Brückenfahrpult* – **2:** *Wach- und Lotsenpult* – **3:** *Radargerät „True Motion" (Alle Ziele und das eigene Schiff bewegen sich auf dem Bildschirm wie auf einer Landkarte)* – **4:** *Radargerät „Relativ Motion" (Alle Ziele bewegen sich auf dem Bildschirm relativ zu dem im Mittelpunkt stehenden eigenen Schiff)* – **5:** *Rauchmelder* – **6:** *Notsender.* – **B** *Brückennock:* **7:** *Maschinentelegraf und Bedienungstableau für das Bugstrahlruder* – **8:** *Morsetaster* – **9:** *Tyfon* – **10:** *Tochterkompaß mit Peilaufsatz* – **11:** *Ruderlagen- und Schraubendrehzahlanzeiger.*

– **C** *Kartenraum:* **12:** *Kartentisch* – **13:** *Tableau mit Instrumenten* – **14:** *Automatische Überwachung der Antriebs- und Ladungskühlanlage (GEAMAR und GEA-REG)* – **15:** *Brücken-WC* – **D** *Funkraum* – **E** *Wohn- und Schlafraum des Funkoffiziers* – **F** *Lift zwischen 5. Aufbaudeck und 2. Deck* – **G** *Store* – **H** *Pantry* – **J** *Wachraum* – **K** *Umformerraum* – **L** *Maschinenschacht:* – **16:** *Schornstein* – **17:** *Lüfter* – **18:** *Lampenkasten für Positionslaternen.*

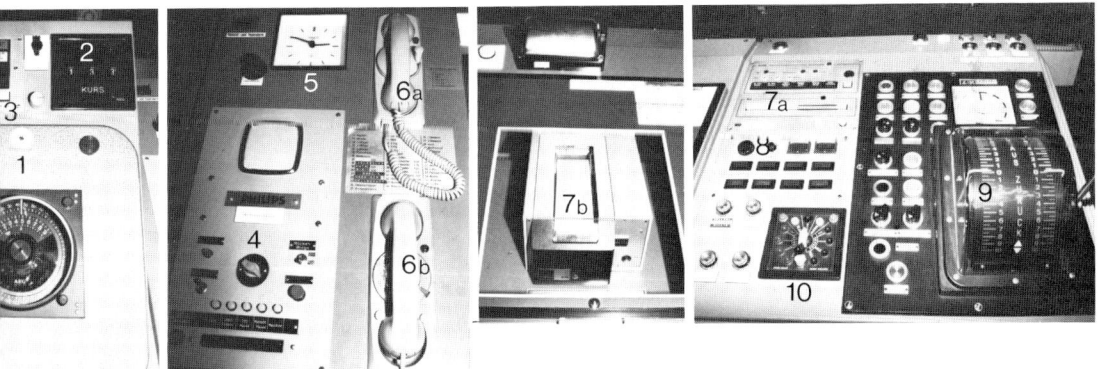

Verstellpropeller-Anzeige – **10:** *Maschinentelegraf für die Antriebsanlage* – **11:** *Feuermeldezentrale* – **12:** *Scheibenwischer* – **13:** *Nebelsignalautomat* – **14:** *Nautik-Alarmtableau, zeigt den Ausfall nautischer Geräte und des Fahrstuhls an* – **15:** *Notabschaltung der Lüfter in*

Wohn-, Lade- und Maschinenräumen (im Brandfall) **16/17:** *Positionslaternen* – **18:** *Signallampentafel* – **19:** *Generalalarm (im Notfall)* – **20:** *Druckmanometer für die luftbetätigten Tyfone* – **21:** *Beleuchtung des Oberdecks* – **22:** *Kurs- und Ruderschreiber, zeichnet die Kurslinie auf und registriert die Ruderausschläge.*

Der Kartenraum im hinteren Teil des Ruderhauses

dient zur Aufbewahrung und zum Auslegen der Seekarten und zum Ablesen wichtiger nautischer Instrumente. –
1: Sichtfunkpeiler – **2**: Satelliten-Navigator – **3**: Echograph – **4**: Chronometer (eine genau gehende Uhr).

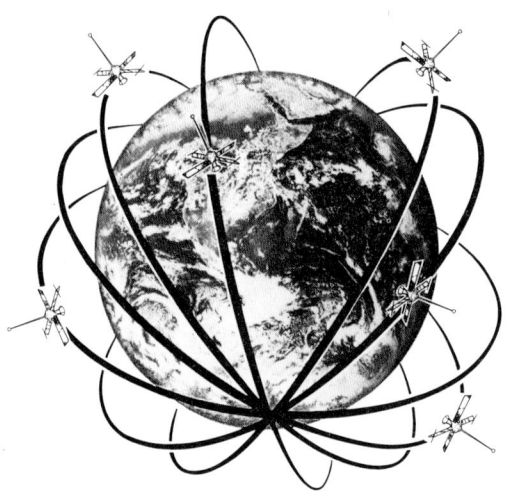

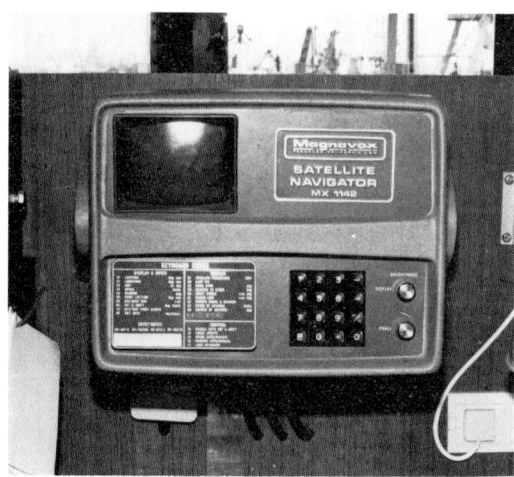

Satelliten-Navigation

Fünf Satelliten umkreisen die Erde in 1075 km Höhe auf Polbahnen (links). Ein Umlauf dauert dabei etwa 107 Minuten. Während dieser Zeit dreht sich die Erde um etwa 27° in östlicher Richtung. Die von den Satelliten ständig ausgesandten Funksignale werden von der Schiffsantenne mit unterschiedlichen Frequenzen empfangen, je nachdem sich ein Satellit nähert oder entfernt (Doppler-Effekt). Aufgrund dieser Signale und der genau bekannten Position der Satelliten berechnet das Satelliten-Navigationsgerät (rechts) den Schiffsort, dessen neueste Daten jederzeit vom Bildschirm abgelesen werden können. Das Ergebnis, Breite und Länge des derzeitigen Schiffsortes, wird bei Bedarf, z. B. beim Wachwechsel, vom Wachhabenden in Seekarte und Schiffstagebuch eingetragen.

der von Ort zu Ort verschiedenen erdmagnetischen „Mißweisung" und von der durch das nähere Umfeld hervorgerufene „Deviation" bestimmt wird. Die Summe dieser beiden Ablenkungen wird „Fehlweisung" genannt und bedeutet die Gradzahl, um die die Kompaßrose von der geografischen Nord-Richtung abgelenkt wird.

Mindestens einmal täglich müssen die Anzeigen des Kreisel- und des Magnetkompasses, durchweg mit Hilfe astronomischer Beobachtungen, kontrolliert und miteinander verglichen werden.

Bei Ausfall oder falscher Anzeige des Kreiselkompasses kann das Schiff also sofort mit Hilfe des Magnetkompasses gesteuert werden.

Das obenstehende Bild zeigt die Mutterkompaßanlage im geöffneten Brückenfahrpult: A Kreiselkugel (nordweisendes Element) – B Kompaßrose – C Übertragungssystem für die Tochter-Kompasse.
Kreiselkompaßanlage C. Plath „Navigat II"

Kreiselkompaß und Magnetkompaß

Nahezu alle Seeschiffe verwenden heute zur Kursanzeige einen Kreiselkompaß. In diesem befindet sich in einem Kessel eine elektrisch leitende Flüssigkeit, in der eine Kreiselkugel schwimmt. Sie enthält ein richtungsweisendes System, bestehend aus zwei sich mit einer Drehzahl von 20 000 min^{-1} (u/min) drehenden Kreiseln, die so gekoppelt sind, daß die Resultierende der beiden Kreiselachsen und damit die 0°-Richtung der Kreiselkugel stets nach Norden weist.

Bei einer Kursänderung des Schiffes dreht sich das Kompaßgehäuse und damit das ganze Schiff um das Kreiselsystem. Diese Drehung wird elektronisch abgetastet, die Impulse werden vorstärkt und von diesem Kreisel-„Mutter"-Kompaß, der auf unseren Schiffen im Brückenfahrpult im Ruderhaus eingebaut ist, auf eine Vielzahl von Kreisel-„Töchtern" übertragen, die als Kursanzeigegeräte dienen. Zwei „Töchter" befinden sich im Ruderhaus, je eine in den Radargeräten und im Kurs- und Ruderlagenschreiber, eine im Kursschreiber, eine im Funkpeiler, zwei auf den beiden Nocken und eine im Rudermaschinenraum.

Da der Kreisel-Kompaß stromabhängig ist, hat jedes Schiff zusätzlich einen Magnetkompaß auf dem Peildeck. Dieser bezieht seine Richtkraft aus dem erdmagnetischen Feld und ist dadurch unabhängig von jeder schiffseigenen Energiequelle. Seine Anzeige wird sowohl vom erdmagnetischen Feld als auch durch die Eisenmassen des Schiffskörpers und der Ladung beeinflußt. Eine Magnetkompaßrose weist also in eine Richtung, die von

Magnetkompaß *mit aufgesetztem Peildiopter auf dem Peildeck. Das Sprachrohr dient zur mündlichen Verständigung mit der Brücke.*

Am Sichtfunkpeiler

kann der wachhabende Offizier nach den Signalen der Landfunkstellen den Schiffsort bestimmen. Der Funkpeiler wird heute nur dann noch in der Küstennavigation eingesetzt, wenn bestimmte charakteristische Küstenpunkte durch Radar nicht mehr zu erfassen sind.

Der Funkpeiler ist auch wichtig zur Hilfeleistung im Seenotfall; denn nur mit dem Funkpeiler ist eine Zielfahrt auf den Havaristen möglich.

Handsteuer und Selbststeuer

In der Mitte des Brückenfahrpultes befindet sich der Steuerstand für den Rudergänger. Der Rudergänger steuert den vom Wachoffizier befohlenen Kurs mit dem Handruder. Die Abweichungen des Schiffes vom Sollkurs, die ständig durch Seegang und Wind entstehen, beobachtet der Rudergänger auf dem Kreisel-Tochterkompaß im Brückenfahrpult und gleicht er durch entsprechendes Ruderlegen aus. Die mit dem Handruder gelegten Ruderwinkel werden von der Rudermaschine auf das Ruder auf den Grad genau übertragen. – Auf See wird vorwiegend mit dem Selbststeuer gefahren, das auf den vom Kapitän oder Wachoffizier bestimmten Kreiselkompaßkurs eingestellt wird. Das Selbststeuer übernimmt dann die Arbeit des Rudergängers: Die Kursabweichungen werden vom Kreisel-Tochterkompaß automatisch gemessen; durch entsprechende elektrische Impulse auf die Rudermaschine wird mit dem Legen des Ruders die Abweichung vom Kurs korrigiert. Der Wachoffizier auf der Brücke kontrolliert das Selbststeuer und reguliert es entsprechend den Einwirkungen durch Wind und Seegang auf das Kursverhalten des Schiffes.

Der Dienst auf der Brücke

Rechtzeitig vor dem Ablegen werden die Schlepper und Festmacher und der Lotse zu einer bestimmten Zeit an den Liegeplatz des Schiffes bestellt. In Hamburg macht das die Reederei, in fremden Häfen wird es von den Agenturen besorgt, die in den jeweiligen Häfen die Reederei vertreten.

Zu der abgemachten Zeit ist der Lotse an Bord, die Schlepper warten neben dem Schiff auf ihre Befehle. Der Kapitän, der 1. Offizier, der Rudergänger und der Lotse haben jetzt auf der Brücke ihren Platz. Auf der Back, dem vorderen Teil des Vorschiffes, steht der 2. Offizier mit der „Vor-Gang", bestehend aus Matrosen und Junggraden und dem Decksschlosser (früher der Zimmermann), der das Ankerspill klarmacht. Am Heck gibt der 3. Offizier einer „Achter-Gang" Matrosen unter Führung des Bootsmannes die nötigen Anweisungen.

Das Schiff legt ab

Wenn alles zum Ablegen klar ist, gibt der Kapitän in Übereinstimmung mit dem Lotsen seine Befehle

Kapitän, Lotse und
I. Offizier in der
Brückennock beim
Ablegen

Der Kapitän (rechts) hat der Mannschaft auf Vor- und Achterschiff die erforderlichen Befehle durchgesagt. Der Lotse gibt über das Sprechgerät („Walky-Talky") den Schleppern seine Anweisungen. Mit den Bedienungshebeln auf dem Steuerpult (Mitte) können die Schraubensteigung des Verstellpropellers und das Bugstrahlruder gesteuert werden.

an den 1. Offizier, der sie durch die Wechselsprechanlage oder durch Sprechfunkgerät („Walky-Talky") an die Offiziere auf der Back bzw. am Heck weiterleitet. Sie werden von den Lautsprechern an Bug und Heck klar wiedergegeben und vom Wachoffizier quittiert. Die Schlepper vorn und achtern übernehmen vom Schiff die Schleppleinen; dann werfen die Festmacher an Land die Leinen von den Pollern los. Mit elektrischen Verholwinden oder mit Mooringwinden werden die Leinen eingeholt.

Auf Tyfonsignale bzw. auf Kommandos über UKW-Sprechfunk hin tauen die Schlepper das Schiff vom Kai ab und ziehen es durch entsprechende Manöver aus dem Kaibereich. Ist schließlich das Fahrwasser, in dem das Schiff allein manövrieren kann, erreicht, so wirft auf ein Tyfonsignal hin meist zuerst der achtere Schlepper die Leine los, die dann schnell mit dem Spill eingeholt wird, damit die Schraube klar bleibt. Sobald das Schiff mit eigener Kraft die Fahrt aufnehmen kann, wirft auf ein Tyfonsignal des Lotsen hin auch der vordere Schlepper los.

Der Lotse bleibt als Berater des Kapitäns an Bord, bis das „Revier", das heißt: die Hafeneinfahrt, der Fluß oder das engere Gewässer verlassen wird. Der Hamburger Lotse geht beim Lotsenhöft von Bord; als weiterer Berater steht dem Kapitän zunächst bis Brunsbüttelkoog und von hier nach erneutem Lotsenwechsel bis Feuerschiff „Elbe I" ein Elblotse zur Seite. Dieser wird dort vom Lotsen-

boot abgeholt. Falls das Schiff direkt nach Übersee fährt, braucht es nun bis zum ersten Hafen dort keinen Lotsen mehr.

An einer einzigen starken Schleppleine

taut der hintere Schlepper das Containerschiff vom Liegeplatz weg in das Fahrwasser. Ein zweiter Schlepper (nicht im Bild) vorn am Bug assistiert ihm dabei.

27

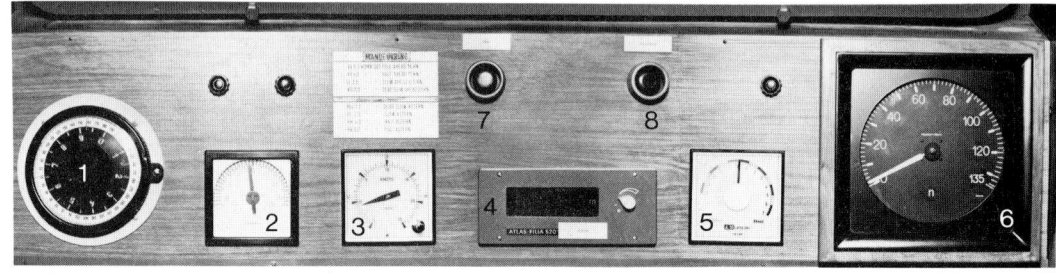

Das Lotsenfahrpult

unter dem mittleren Brückenfenster zeigt folgende Instrumente, die auf Fahrt hauptsächlich vom Kapitän bzw. vom Wachoffizier und auf der Revierfahrt vom Lotsen beobachtet werden:

1: *Kreiselkompaßtochter* – **2:** *Ruderlagenanzeiger* – **3:** *Geschwindigkeitsanzeiger (Fahrtmesser) in Knoten* – **4:** *Echolot in m* – **5:** *Steigungsanzeiger des Verstellpropellers (Fahrtstufenanzeiger)* – **6:** *Umdrehungsanzeiger der Hauptmaschine* – **7:** *Tyfon* – **8:** *Morselampe.*

Während all dieser Manöver bis zum Verlassen der engeren Gewässer bleibt der Kapitän auf der Brücke. Auch beim Passieren enger oder ver-

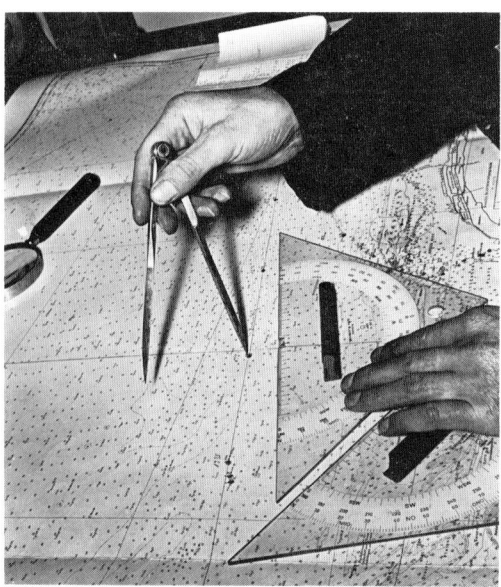

Der Kurs wird abgesetzt. Im Kartenhaus wird vom wachhabenden Offizier oder vom Kapitän mit Hilfe von zwei Kursdreiecken der beabsichtigte Kurs des Schiffes auf der Seekarte „abgesetzt", d. h. eingezeichnet. Die Seekarte ist ein unentbehrliches Hilfsmittel der Navigation. In ihr sind sämtliche für die Navigation wichtigen Land- und Seeobjekte, wie Leuchttürme, Feuerschiffe, Tonnen, Funkfeuer, markante Küstenformen, Berge und Kirchtürme sowie die Wassertiefen und Untiefen eingezeichnet.

kehrsreicher Gewässer, z. B. der Straße von Dover, sowie bei verminderter Sicht (Nebel, Regen, Schneegestöber) ist der Kapitän auf der Brücke. Ihm zur Seite steht der jeweilige Wachoffizier.

Die Einteilung der Seewachen

Jede Tageshälfte ist an Bord in drei Seewachen eingeteilt: Die erste Wache von 0 – 4 Uhr geht der 2. Offizier, die zweite Wache von 4 – 8 Uhr der 1. Offizier, die dritte Wache von 8 – 12 Uhr der 3. Offizier. Jeder Wachoffizier hat nach vier Stunden Seewache acht Stunden Freiwache. In der zweiten Hälfte des Tages beginnt also der 2. Offizier die erste Wache von 12 – 16 Uhr, und die anderen Offiziere folgen im gleichen Turnus wie oben von 16 – 20 und von 20 – 24 Uhr. Während der Freiwache haben die Offiziere alle bereits erwähnten Aufgaben auszuführen. Freiwache bedeutet also keineswegs „dienstfrei".

Die Fahrt auf dem „Revier"

Solange sich das Schiff auf dem „Revier" befindet, fährt es nach Beratung durch den revierkundigen Lotsen. Der Schiffsweg ist durch schwimmende und landfeste Seezeichen und Leuchtfeuer gekennzeichnet, deren Art und Lage die Seekarte zeigt. Das Passieren jedes dieser Zeichen wird vom Wachoffizier in das Brückenbuch eingetragen, z. B. „17.15 Tonne 18 an Backbord passiert". Das Passieren von bestimmten charakteristischen Punkten wie z. B. von Feuerschiffen wird außerdem im Schiffstagebuch protokolliert. Solche Eintragungen können z. B. nachträglich als Beweismittel dienen.

Im Ruderhaus während der Fahrt auf dem Revier

Kapitän und Lotse beobachten das Fahrwasser. Der „Rudergänger" (rechts) steuert den befohlenen Kurs nach der Kreiselkompaß-Tochter vor ihm auf dem Brückenfahrpult. Er hat die Hände am Handrad. Durch das Spiegelreflexrohr unter der Decke kann er den Kompaßkurs ablesen, den der Magnetkompaß auf dem Peildeck über ihm zeigt, und mit dem Kreiselkurs vor ihm vergleichen. Am Ruder wechseln sich Matrosen und Leichtmatrosen stündlich ab; sie tragen auch als Rudergänger gewöhnliches Arbeitszeug.

Die Seereise beginnt,

sobald der letzte Lotse von Bord gegangen und das Schiff in allen Bereichen „seeklar" gemacht ist, d. h. Anker gelascht, Windenkontroller abgedeckt, Lotsenleiter eingeholt sind usw. Der Kapitän setzt dann mit Bleistift die Kurslinie in die Seekarte ein. Sie wird vom jeweiligen Wachoffizier nachgesetzt, d. h. auf Richtigkeit überprüft, damit jeder Irrtum ausgeschlossen ist. Auf diesem Kartenkurs hat der jeweilige Wachoffizier das Schiff zu halten. Der am Kreiselkompaß anliegende Kurs, ausgedrückt in Graden, wird dem Rudergänger am Steuerstand weitergegeben, z. B. „Kurs 220 Grad", und – damit der Rudergänger den Kurs nicht vergißt – auf der Kurstafel eingestellt oder nachts auf eine kleine Tafel am Steuerstand geschrieben. Kommt durch Strom oder Wind das Schiff vom vorgezeichneten Kurs ab, so muß der Wachoffizier den zu steuernden Kreiselkompaßkurs unter Berücksichtigung der Strom- und Windverhältnisse neu berechnen und am Steuerstand einstellen.

Fahrt in Küstennähe

In Küstennähe wird der jeweils anliegende Kreiselkompaßkurs ständig an einer in 360° eingestellten runden Skala, der sogenannten „Kompaß-Rose", abgelesen. Von Zeit zu Zeit vergleicht der Rudergänger diesen Kreiselkompaßkurs durch ein Spiegelreflex-Rohr mit dem Kurs, der vom Magnetkompaß auf dem Peildeck angezeigt wird, damit im Falle eines Versagens der Kreiselkompaßanlage der vergleichbare Magnetkompaßkurs weitergesteuert werden kann.

In Küstennähe sind die Radargeräte und – wo vorhanden – das Decca-Navigationsgerät wichtige Hilfsmittel der Navigation. Auf dem Bildschirm eines Radargerätes sind andere Fahrzeuge, Seezeichen, Schiffahrtshindernisse über Wasser und auch die Küstenlinien rechtzeitig, auch bei Nebel, zu erkennen. Dadurch ist eine Richtungs- und Abstandsbestimmung bis auf weite Entfernungen möglich.

Wie das Schiff seinen Weg auf See findet

Zur Bestimmung des Schiffsortes auf hoher See dient auch heute noch das alte Verfahren der astronomischen Navigation. Man mißt mit dem Sextanten – einem Winkelmeßinstrument – die Kimmabstände von Gestirnen, das heißt die Winkelabstände der Gestirne von der Kimm; die Kimm ist der sichtbare Horizont auf See. Solche Gestirne sind am Tage die Sonne und der Mond, in der Morgen- und Abenddämmerung Fixsterne und Planeten. Gleichzeitig mit der Sextantenmessung muß das Chronometer abgelesen werden; das ist eine genaue, nach UTC (**U**niversal **T**ime **C**orrelated = Weltzeit) gehende Spezialuhr, die täglich mit dem Funk-Zeitzeichen der Landfunkstellen verglichen wird. An diese Messungen schließt sich eine Rechnung an, bei der man das Nautische Jahrbuch und die Nautischen Tafeln oder Spezial-Höhentafeln benutzt, um durch Rechnung und Zeichnung die geografische Breite und Länge des Schiffsortes zur Zeit der Beobachtung zu bestimmen. Dieser Schiffsort, auch „astronomisches Besteck" genannt, wird vom Wachoffizier in die Seekarte und das Schiffstagebuch eingetragen. So kann man natürlich nur verfahren, wenn Gestirne zu sehen sind.

Aber auch bei bedecktem Himmel und außer Sicht der Küste, die weit entfernt sein mag, kann man den Schiffsort erstaunlich genau feststellen. Das geschieht in Küstennähe unter Zuhilfenahme der bereits erwähnten Decca-Navigation und weltweit mit dem jüngsten nautischen Hilfsmittel, dem Satelliten-Navigator. Dieser errechnet aus den Daten von fünf polumlaufenden Satelliten nach dem Doppler-Verfahren bis auf 0,05 sm genau den Schiffsort.

Das Gerät koppelt zwischen zwei Satellitendurchgängen – etwa alle anderthalb bis zwei Stunden – mit und gibt außer Länge und Breite auch die Uhrzeit in UTC, Kurs und Geschwindigkeit sowie die seit dem letzten Satellitendurchgang verstrichene Zeit an. Auf Knopfdruck sind weitere Informationen verfügbar, wie z. B. die Großkreisdistanz zwischen zwei beliebigen Orten.

Die Maschine läuft auf See bei guter Sicht durchweg auf „Voll voraus". Der Wachhabende auf der Brücke reduziert die Geschwindigkeit nur, wenn es unumgänglich nötig ist, also z. B. bei Ausweichmanövern oder bei plötzlichem Nebel, bei stark einsetzendem Regen oder Schneefall. In solchen Fällen würde er den automatischen Nebelsignalgeber einschalten und den Kapitän über die verschlechterte Sicht unterrichten.

Während der Wache steht dem Wachoffizier ein Matrose zur Verfügung. Sobald die offene See erreicht ist und der endgültige Kurs gesteuert werden kann, wird die Selbststeueranlage eingeschaltet. Bei guter Wetterlage am Tage ist der Matrose dann in der Nähe der Brücke beschäftigt. Wenn nötig, z. B. bei Ausweichmanövern, wird das Selbststeuer abgeschaltet, und der Matrose übernimmt das Ruder. Bei eintretender Dunkelheit geht der zugeteilte Wachgänger (Matrose oder Junggrad) den Ausguck in der Brückennock. Er meldet näherkommende Schiffe oder Leuchtfeuer, macht alle Stunde eine Runde über Deck und sieht nach, ob alles in Ordnung ist. Während der Revierfahrt und bei Nebel muß das Handruder besetzt und – wenn die Witterung es zuläßt – ein dritter Mann als Ausguck auf der Back postiert werden. Er wird jede Stunde abgelöst. Schluß auf Seite 32

"Die Sonne wird geschossen"

Zur Bestimmung des Schiffsortes auf hoher See dient auf diesen modernen Schiffen in erster Linie das Satelliten-Navigationsgerät. An der herkömmlichen Möglichkeit, durch ein astronomisches Besteck den Schiffsort mit Hilfe des Sextanten zu ermitteln, wird aber weiterhin festgehalten. Diese astronomischen Beobachtungen und sphärischen Berechnungen müssen nach wie vor beherrscht werden. Sie dienen darüber hinaus der Kontrolle der elektronischen Ortsbestimmung.

Von den beiden Nocken aus, die an Steuerbord und Backbord aus dem Brückenhaus herausragen, kann man das Schiff in seiner ganzen Länge überblicken. Optische Peilungen und die Bestimmung des Schiffsortes mit dem Sextanten erfolgen von einer der beiden Nocken aus.

A: Steuerpult mit Bedienungshebeln für Verstellpropeller und Bugstrahlruder – **B:** Peiltochterkompaß – **C:** Tyfon und Morsetaster – **D:** Strahler.

Ein Schiffstagobuch muß laut Gesetz auf jedem Seeschiff geführt werden. Der wachhabende Offizier trägt darin am Ende seiner Wache den Zustand des Wetters, die gesteuerten Kurse, Peilungen und besonderen Vorkommnisse ein. Mittags werden die von 12 bis 12 Uhr zurückgelegte Distanz ("Etmal") und der genaue Schiffsort vermerkt.

Das Schiffstagobuch ist eine Urkunde und muß täglich vom Kapitän und dem 1. Offizier unterschrieben werden. Es dient der Schiffsleitung zur Rechtfertigung der getroffenen Maßnahmen und zu ihrer Entlastung, falls später Vorwürfe erhoben werden.

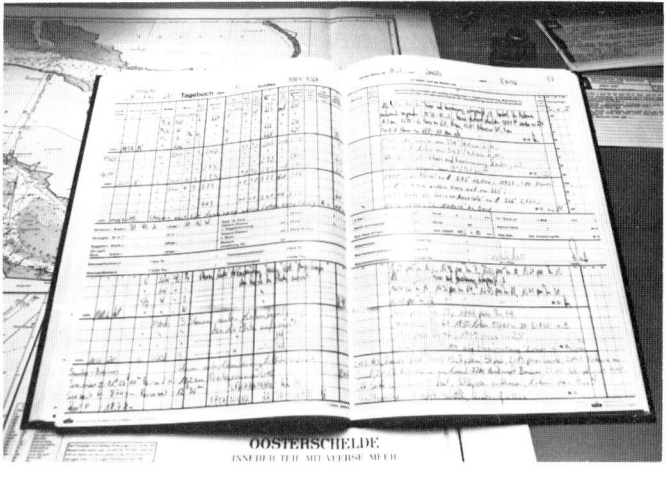

Das Achterschiff der *Monte Rosa* mit Decksaufbau, Schornstein und Gantrykran

Schluß von Seite 30

Bei Nebel und schlechter Sicht, in engen Gewässern, bei starkem Schiffsverkehr, gemeldeten Seenotfällen, Ansteuerung einer Küste usw. ist der Kapitän ständig auf der Brücke. Jeden Abend während der Seereise, bevor er sich zur Ruhe begibt, erscheint er noch einmal auf der Brücke und schreibt ins „Nachtorderbuch" seine Anweisungen für die Nachtfahrt, z. B. „Kartenkurs 207°, Schiff auf Kurslinie halten. Halbstündlich loten. Bei Unklarheiten bitte sofort, sonst 5 sm vor Cap Frio wecken." Jeder Wachoffizier muß bei Antritt seiner Wache die Order unterschreiben.

Bei Nacht ist Ruhe im Schiff. Auf der Brücke geht nur der Wachoffizier mit einem Matrosen seine Wache. Im Maschinenraum geht ein TOA die Wache. Sonst schläft alles im Schiff. Nur in der Bäckerei ist von sechs Uhr morgens ab der Bäcker schon wieder an der Arbeit.

Nach jeder Wache macht der abgelöste Wachhabende noch einmal eine Ronde durch das ganze Schiff, an und unter Deck, um sich zu vergewissern, daß alles in Ordnung ist, vor allem auch, um die seefeste Verzurrung der Container und des Deckskranes zu überprüfen.

Der wachhabende Offizier hat eine außerordentliche Verantwortung. Um sich von seinem Vorgänger über den Kurs und alle Vorkommnisse sowie über die gegenwärtige Situation genau unterrichten zu lassen, erscheint er schon zehn Minuten vor Antritt seiner Wache auf der Brücke. Er nimmt Einblick in die Seekarte und macht sich mit den Einstellungen des Selbststeuers, der Radargeräte und des Satelliten-Navigationsgerätes vertraut. In diesen Minuten gewöhnen sich nachts seine Augen an die Dunkelheit, denn das Ruderhaus ist nicht und im Kartenhaus nur der Kartentisch beleuchtet.

Jeweils nach Durchfahren einer Zeitzone (alle 15 Längengrade = eine Zeitstunde) stellt der Wachhabende jeder Wache die Uhr auf Westreise um zwanzig Minuten zurück bzw. auf Ostreise um zwanzig Minuten vor.

So wechselt Tag und Nacht alle vier Stunden die Wache auf der Brücke und im Maschinenraum.

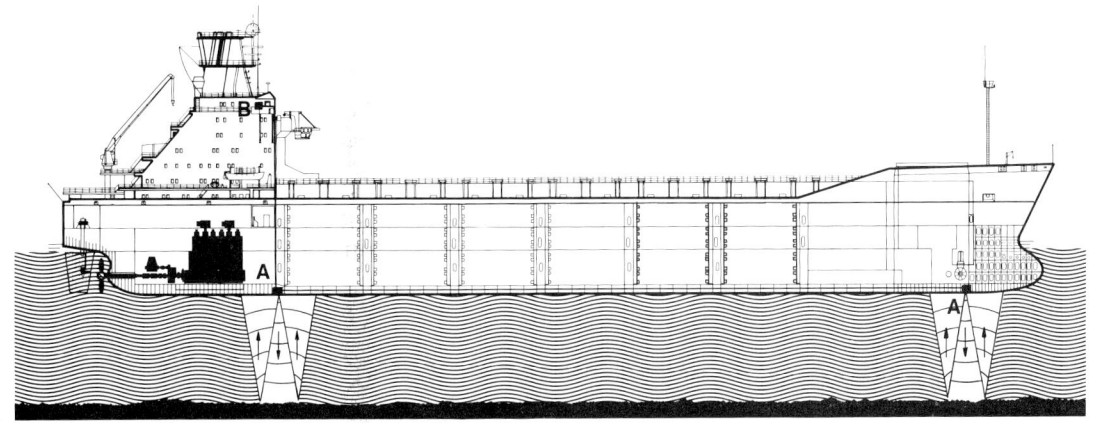

Das Echolot warnt vor Untiefen

*Sobald das fahrende Schiff sich auf geringer oder unbekannter Wassertiefe befindet, wird im Kartenraum das Echolot eingeschaltet. Je ein „Schwinger" (Sender/Empfänger) **A** vorn und achtern im Schiffsboden sendet Ultraschallwellen aus, die als Echo vom Meeresboden zurückgeworfen und von demselben Gerät wieder aufgenommen werden. Im Anzeigegerät **B** im Kartenraum ist der jeweilige Abstand des Schiffsbodens vom Meeresboden als Wassertiefe unter dem Kiel in Metern abzulesen.*

Die Elektromagnetische Fahrtmeßanlage

Noch vor dem 2. Weltkrieg benutzte man zur Messung einer abgelaufenen Distanz das einfache „Patentlog", bei dem eine hochgängige Schraube vom Schiff an langer Leine nachgeschleppt wurde. Durch die Drehung der Schraube im Wasser wurde auf einem Zählwerk die zurückgelegte Strecke in Seemeilen angezeigt (1 Seemeile = 1852 m). Die Geschwindigkeit des Schiffes durch das Wasser konnte man dann errechnen. Die Fahrt des Schiffes gibt man in Knoten an (1 kn = 1 sm/h).

Heute dient die elektromagnetische Fahrtmeßanlage zur Messung der Geschwindigkeit des Schiffes durch das Wasser. Ein am Bug mit dem Schiffsboden bündig eingebauter Sensor mißt laufend elektromagnetisch die Geschwindigkeit des vorbeiströmenden Wassers, die der Geschwindigkeit des Schiffskörpers im Wasser entspricht. Das Signal vom Sensor wird verstärkt und im Hauptgerät auf der Brücke angezeigt. Dieses gibt die Geschwindigkeitsangabe auch an das True Motion Radar und an das Satellitengerät weiter.

C. Plath „Naviknot"

Das Hauptanzeigegerät der Fahrtmeßanlage

(geöffnet) auf der Brücke zeigt die Geschwindigkeit in Knoten und die gefahrenen Seemeilen (zurückgelegte Distanz) an.

Foto: C. Plath

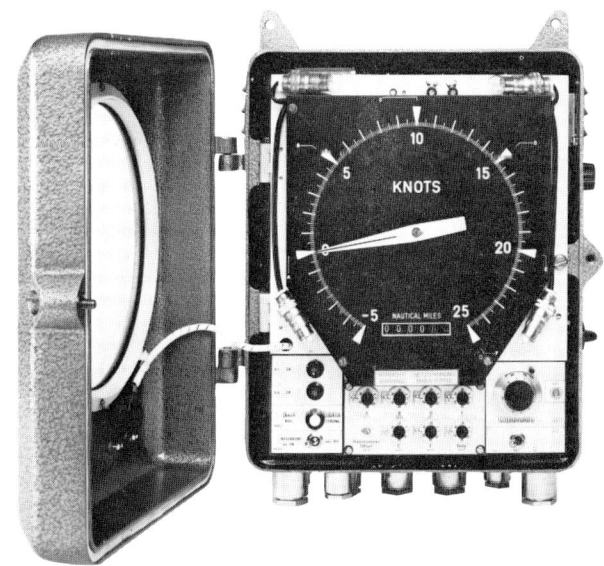

Die Antennen der Radargeräte

drehen sich in einer Minute rund dreißigmal, senden dabei einen gebündelten Impulsstrahl elektromagnetischer Wellen aus und empfangen gleichzeitig die Rückstrahlung (Echo), die auf den Bildschirmen der Radargeräte im Ruderhaus bei jedem Antennenumlauf (alle zwei Sekunden) ein neues Bild erzeugen.

Das Radargerät

Radar (**Ra**dio **d**etecting **a**nd **r**anging = Funk-Richtungs- und Entfernungsmesser) läßt die Umgebung des Schiffes auch bei schlechter Sicht, also bei Nacht und Nebel, erkennen. Auf dem flachen Bildschirm einer Braunschen Röhre erscheint ein „Bild", aus dem man die Lage und Bewegung anderer Schiffe und die Lage von Seezeichen und Küstenpunkten bestimmen kann. Dazu gehört jedoch sehr viel Erfahrung und Übung im Gebrauch dieses Funkmeßgerätes, denn der Bildschirm zeigt u.a. auch Echos von Seegang, Regen usw. an.

Wie arbeitet Radar?

Ein Zentimeter-Wellen-Sender sendet etwa tausendmal in der Sekunde über eine rotierende Antenne, die wie ein Scheinwerfer die elektromagnetischen Wellen bündelt, Impulse aus. Diese Impulse, die immer nur den Bruchteil einer millionstel Sekunde dauern, bewegen sich geradlinig, etwa wie die Lichtwellen, fort. Wenn sie auf ihrem Weg auf einen Gegenstand (Schiff, Seezeichen, Gebäude, Küste usw.) auftreffen, werden sie in verschiedene Richtungen reflektiert. Ein Teil dieser reflektierten Wellen wird auf das eigene Schiff zurückgeworfen. Dieses

„Echo" trifft auch die Radar-Antenne, die sich nach Aussendung jedes Impulses sofort selbständig auf Empfang einstellt.

Die von der Radar-Antenne empfangenen Impuls-Echos werden durch eine genial erdachte Konstruktion in kleine Lichtpunkte verwandelt, die auf dem dunklen Bildschirm erscheinen. Das ist das Werk eines winzigen Sekundenbruchteils. Da sich die Sende-Empfangs-Antenne etwa acht Meter über dem Peildeck ständig dreht (etwa dreißigmal pro Minute), reiht sich Lichtpunkt an Lichtpunkt; dadurch entsteht ein zusammenhängendes Bild. Es leuchtet auf der fluoreszierenden Bildfläche so lange nach, bis der umlaufende und wiederkehrende Strahl ein neues Bild aufzeichnet.

Der den Bildschirm dauernd beobachtende Offizier kann auch bei tiefer Dunkelheit und dichtem Nebel erkennen, was sich in dem Seeraum abspielt, in dem sich sein Schiff gerade befindet: entgegenkommende, mitlaufende, seinen Kurs kreuzende Schiffe ebenso wie den Verlauf der Küste oder das durch Seezeichen markierte Fahrwasser seines Schiffahrtsweges usw. An der elektronischen Peil- und Entfernungsmeß-Einrichtung des Gerätes kann er Abstand und Richtung zu den verschiedenen Objekten feststellen.

35 Bedienungsknöpfe sind zu betätigen,

mit denen der Offizier am Radargerät viele für die Navigation wichtige Informationen erhalten kann: Kurs und Geschwindigkeit des eigenen Schiffes und fremder Schiffe, Peilung und Abstand fremder Ziele wie Feuerschiffe, schwimmende und feste Seezeichen, Abstand von der Küste usw. Dabei kann er auf zehn Entfernungsbereiche von 0,25 bis 64 Seemeilen Radius umschalten.

Ein computergesteuerter Signalprozessor bewirkt eine größere Helligkeit des Radarbildes, so daß auch bei Tage kein Abdunkeln durch Vorhang oder Sichtschutztubus nötig ist.

Rechts: Typisches Radarbild einer Küstenformation. Die Küstenformen bieten bei der Küstennavigation mit Radar hervorragende Anhaltspunkte.

Foto: HAGENUK/Raytheon

Die Aufgabe der Funkstation

und der Dienst des Funkoffiziers bestehen darin, das Schiff in ständiger Verbindung mit der Außenwelt zu halten. Dazu gehört der Funksicherheitsdienst (Wachdienst für Seenotfälle), die Aufnahme von nautischen Warnnachrichten (vertriebene Seezeichen, erloschene Leuchtfeuer, treibende, unbeleuchtete Schwimmkörper [z.B. Baumstämme], Eis, Schiffahrtshindernisse usw.) und deren Weitergabe an die Schiffsführung, die laufende Aufnahme von Wetternachrichten und Sturmwarnungen der Küstenfunkstellen, der ärztliche Beratungsdienst auf See (nur Seeschiffe mit mehr als 75 Personen an Bord müssen einen Arzt mitführen) und der allgemeine Funktelegrafie- und -telefonieverkehr für Schiffsleitung, Reederei, Agenturen und Besatzung, der Funkverkehr der Schiffe untereinander und die Aufnahme der Funk-Pressemeldungen für die täglich erscheinende Bordzeitung. Über die Küstenfunkstellen kann eine Reederei heute zu jeder Zeit und unter allen Wetterbedingungen Funkverbindung mit ihren Schiffen herstellen.

Alarmrufe kommen immer an

Die Funkanlage dient auf See in erster Linie dem Schutz des menschlichen Lebens. Damit jedes in Seenot befindliche Schiff auch gehört wird, müßten eigentlich alle Funkstationen auf Schiffen ununterbrochen Tag und Nacht besetzt sein. Damit auch auf Schiffen, die mit nur einem Funker besetzt sind, Seenotzeichen jederzeit gehört werden, steht in der Funkstation eine Auto-Alarmanlage. Dieses Gerät ist ein Empfänger, der auf die Frequenz der Seenotwelle eingestellt ist und beim Empfang bestimmter Funkzeichen (Alarmsignale) anspringt. Es löst dann an drei Stellen im Schiff: 1. in der Funkstation, 2. in der Kammer des Funkoffiziers und 3. auf der Brücke, ein anhaltendes Glockenzeichen aus, das den Funkoffizier an das Gerät ruft und das nur dort wieder abgestellt werden kann. Er besetzt dann sofort die Funkstation, nimmt die Meldung des in Not befindlichen Schiffes auf und gibt sie an den Kapitän weiter. Dieser entscheidet, welche Küstenfunkstation informiert werden soll und wie Hilfe geleistet werden kann.

Gleiche Zeit überall in der Welt

Ein sicherer Funkverkehr über die ganze Welt ist nur möglich, wenn alle Funkstationen im Seewesen nach einer einheitlichen Zeit arbeiten, also nicht nach der Ortszeit, die sich mit der geographischen Lage ändert (um 1 Stunde für je 15 Grad geographischer Länge). Deshalb wird im Funkverkehr der ganzen Welt grundsätzlich nur die Zeit des Meridians Null benutzt: UTC (**U**niversal **T**ime **C**orrelated = Weltzeit). Die genaue Übereinstimmung aller Funkuhren auf der Erde wird durch die tägliche Aufnahme eines Funkzeitzeichens erreicht.

Die „Stationsuhr" im Funkraum hat zwei rote Sektoren von je drei Minuten (von der 15.–18. und von der 45.–48. Minute) und zwei grüne Sektoren (0–3 und 30–33). Wäh-

rend der „roten Zeit" hat auf Mittelwelle (400–1600 kHz), während der „grünen" auf Grenzwelle (1600–3800 kHz) absolute Funkstille zu herrschen. Beide Zeiten sind ausschließlich für das Senden und Empfangen von Seenotzeichen vorbehalten, damit in Seeräumen mit starkem Funkverkehr auch die schwächsten Seenotrufe durchdringen können.

Die Einrichtung der Funkstation

Alle seegehenden Schiffe von einer bestimmten Größe an müssen laut internationalen und staatlichen Vorschriften mit einer Funkanlage ausgerüstet sein. Der Umfang dieser Ausrüstung richtet sich nach der Größe des Schiffes und danach, ob es ein Fracht- oder Fahrgastschiff ist.

Für jedes Seeschiff über 1600 BRT in der weltweiten Fahrt sind folgende Funkgeräte vorgeschrieben:

Der Hauptsender (Mittelwelle 405 bis 525 kHz) dient zur Nachrichtenübermittlung mit Morsezeichen auf mittlere Entfernungen (etwa 800 sm). Üblicherweise arbeitet der Hauptsender heute auch auf der Grenzwelle von 1,6 bis 3,8 MHz und auf den Kurzwellenbändern des Seefunks im Bereich 4, 6, 8, 12, 22 und 25 MHz. Damit ist ein weltweiter Telefonie- und Telegrafieverkehr möglich.

Der Ersatzsender (Notsender) arbeitet auf sieben Festfrequenzen im Mittelwellenbereich. Die Stromversorgung erfolgt aus der Notbatterie, die zur Sicherheit auf dem höchsten Deck des Schiffes steht. Sie wird dauernd auf Betriebsspannung gehalten und täglich kontrolliert.

Die tragbare Rettungsbootstation (siehe Seite 63) ist für den Einsatz im Rettungsboot bestimmt, wenn die Besatzung das Schiff verlassen mußte. Mit ihm kann funktelegrafisch auf Mittel-, Grenz- und Kurzwelle Hilfe herbeigerufen werden. Seine Energiequelle ist ein eingebauter Handkurbel-Generator.

Für den Telefonieverkehr in Küstennähe und während der Revierfahrt befindet sich in der Funkstation eine UKW-Seefunk-Anlage. Eine zweite UKW-Anlage befindet sich auf der Brücke neben dem Radargerät. Sie dient dem Kapitän zur telefonischen Verständigung mit dem Lotsenversetzboot und später dem Lotsen als Verständigungsmittel auf dem Revier.

Der Hauptempfänger (Allwellenempfänger) empfängt von 10 kHz bis 30 MHz sämtliche Frequenzen, das heißt alle Sendungen in diesem Bereich von Seefunkstellen (= Schiffen), Küstenfunkstellen, Rundfunksendern, Funkfeuern (= mit Sendern ausgerüstete Seezeichen), natürlich auch Seenotrufe. – Auch der Reserveempfänger (Notempfänger) ist über alle Seefunkfrequenzen durchstimmbar (150 kHz bis 26 MHz); mit Strom wird er aus der Notbatterie versorgt.

Das Auto-Alarmgerät wird eingeschaltet, wenn der Funkoffizier nicht auf Wache ist. Es überwacht die internationale Seenotfrequenz 500 kHz (Mittelwelle) und löst beim Empfang des Alarmzeichens optischen und akusti-

schen Alarm aus. Für die Überwachung der internationalen Seenotfrequenz 2182 kHz (Grenzwelle) ist auf der Brücke ein Gerät mit gleichen Eigenschaften installiert. Für beide Frequenzen sind an Bord Geräte für das Aussenden von Alarmzeichen im Seenotfall vorhanden.

Über die Pflichtausrüstung hinaus besitzen die Schiffe unter anderem:

eine Seenotfunkboje. Sie ist auf dem Peildeck in einer Halterung so aufgestellt, daß sie bei Untergang des Schiffes aufschwimmt und auf der internationalen Seenotfrequenz 2182 kHz (Grenzwelle) ein Alarmsignal ausstrahlt;

vier UKW Handfunksprechgeräte, die auf kürzere Entfernung untereinander und mit der Brücke in Sprechfunkverbindung treten können.

Der Funkoffizier ist ständig im Dienst

Während der Funkwache auf See ist ein Empfänger ständig auf die internationale Anruf- und Seefrequenz (500 kHz) geschaltet. Sobald der Funker das Rufzeichen seines Schiffes hört

Monte Rosa: DGLM −·· −−· ·−·· −−
oder Monte Cervantes: DHCM −·· ···· −·−· −− ,

weiß er, daß ein Anruf für ihn vorliegt. Er schaltet seinen Hauptsender an, stellt ihn auf die Frequenz 500 kHz und ruft seinerseits die ihn anrufende Funkstelle. Sobald die Verbindung mit ihr hergestellt ist, gehen beide Stationen auf eine vereinbarte Arbeitsfrequenz, damit die 500 kHz-Frequenz wieder frei ist für Seenotfälle und Anrufe fremder Funkstationen. CQ-Anrufe (CQ = „An Alle"), die auf der Frequenz 500 kHz angekündigt werden und alle Seefunkstellen angehen, also z. B. Wetternachrichten, Sturmwarnungen, Nebelmeldungen, Eisberichte, navigatorische Warnungen usw., werden vom Funkoffizier grundsätzlich abgehört, aufgeschrieben und sofort zur Brücke weitergeleitet.

In Seenotfällen (SOS) ist die 500 kHz-Frequenz ausschließlich diesem Verkehr vorbehalten.

Zum Bild oben:

1: Hauptempfänger – 2: Notempfänger (Reserveempfänger) – 3: Hauptsender (1–3: Grenz-, Mittel- und Kurzwelle) – 4: Notsender (Reservesender; auch Batterienotbetrieb) 5: Alarmzeichengeber 2182 kHz, für den Seenotfall – 6: Auto-Alarmempfänger 500 kHz empfängt Seenotsignale im Mittelwellenbereich – 7: Antennenwahlschalter (Bestandteil des Senders) – 8: Bedienfeld zum Schalten der verschiedenen Sender, Empfänger und Antennen – 9: Netz- und Batterieschalttafel – 10: Stationsuhr.

Alle Geräte von 1–9: DEBEG

37

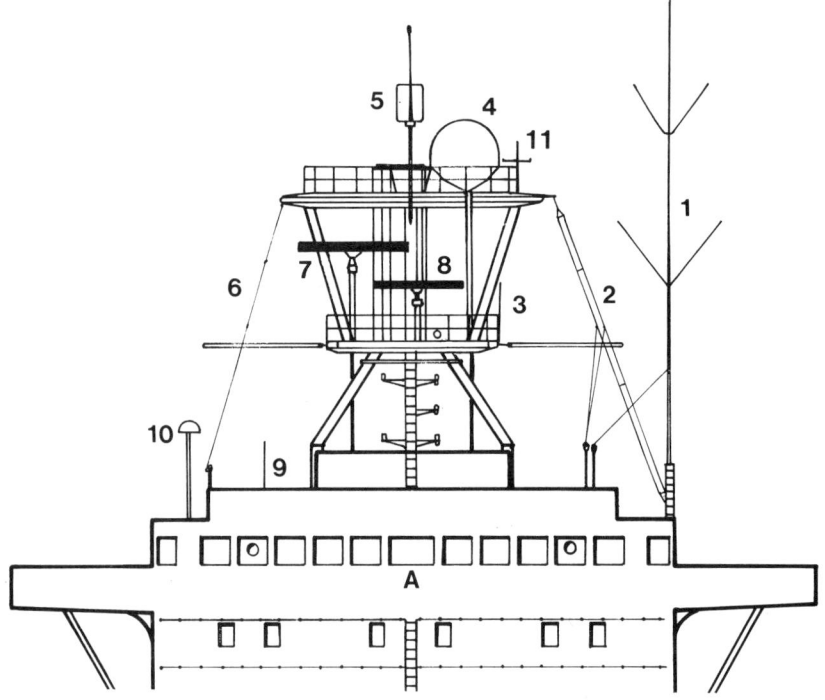

Die Antennen

1: Hauptsendeantenne für die Funkstation (Grenz-, Mittel- und Kurzwelle) – **2**: Notsendeantenne (evtl. als Ersatz der Hauptsendeantenne) – **3**: UKW-Rundstrahler zum Senden und Empfangen – **4**: Abdeckhaube („Radom"), schützt die Antennen für die Satellitenkommunikationsanlage (Telex und Telefon im weltumspannenden Verkehr) – **5**: Kreuzrahmenantenne für den Sichtfunkpeiler – mit Stabhilfsantenne – **6**: Empfangsantenne für die Funkstation – **7**: Radarantenne S-Band 10 cm – **8**: Radarantenne X-Band 3 cm – **9**: UKW-Rundstrahler zum Senden und Empfangen – **10**: Antenne für Rundfunk und Fernsehen – **11**: Antenne für das Satelliten-Navigationsgerät – **A**: Kommandobrücke.

Der Hauptempfänger *ist für die Frequenzen von 10 kHz bis 30 MHz ausgelegt. Die Frequenzen werden über Drucktasten auf dem linken Tastenfeld eingestellt und rechts oben angezeigt, z. B. 8 785,9 kHz. Bis dreißig Frequenzen können gespeichert und bei Bedarf abgerufen werden.*

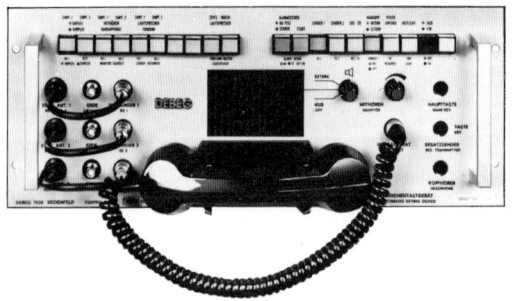

Im Bedienfeld *sind alle wesentlichen Funktionen für die Abwicklung des Nachrichtenverkehrs zentral zusammengefaßt. Die Empfänger können über Kopfhörer, den eingebauten Lautsprecher oder den Handapparat mitgehört werden.*

Die Maschinenanlage

Die Schiffsneubauten der *Monte*-Klasse werden von einem einfach wirkenden SULZER 2-Takt-Dieselmotor mit einer Leistung von 10 590 kW angetrieben. Ein vierflügliger Verstellpropeller verwandelt die Maschinenleistung in Schub, der dem Schiff eine Geschwindigkeit von 19 kn verleiht. (1 kn = 1 sm pro Std.; 1 sm = 1852 m).

Von der Propellerwelle kann über ein Zahnradgetriebe die notwendige Leistung zum Antrieb eines Generators abgezweigt werden. Dieser sogenannte Wellengenerator hat eine elektrische Leistung von 3000 kW. Diese Leistung wird benötigt, wenn alle 536 Kühlcontainer (*Monte Cervantes* 592) mit Frucht beladen sind und das Schiff sich auf See befindet.

Wenn der Hauptmotor nicht in Betrieb ist, z.B. im Hafen, wird der für den Hilfsbetrieb und die Kühlanlage notwendige elektrische Strom von drei Dieselgeneratoren mit einer elektrischen Leistung von je 1250 kW erzeugt. Zu den großen Stromverbrauchern des Schiffes gehört auch das Bugstrahlruder mit einer Leistung von 730 kW. Das ist ein Querstrahlpropeller im Vorschiff, der das Manövrieren in engen Gewässern und beim An- und Ablegen erleichtert. Die Haupt- und Hilfs-Dieselmotoren werden mit Preßluft von 30 bar gestartet. Außerhalb des Maschinenraums, auf dem 3. Aufbaudeck, befindet sich ein Not-Dieselgenera-tor, der im Notfall die Notbeleuchtung, die Funkanlage, die Rudermaschine und andere lebenswichtige Anlagen mit elektrischem Strom versorgt.

Das Maschinenpersonal

Der Chef der Abteilung „Maschine" ist der Leitende Ingenieur. Er trägt die Verantwortung für die gesamte Maschinenanlage und den technischen Betrieb des Schiffes. Aufgrund seiner langjährigen Erfahrung weiß er sich auch in außergewöhnlichen Fällen zu helfen, z.B. wenn Maschinenschäden mit Bordmitteln beseitigt werden müssen, damit das Schiff ohne fremde Hilfe seine Reise fortsetzen kann. Die übrigen Ingenieure haben für einen reibungslosen Maschinenbetrieb zu sorgen und sind für die Durchführung von Kontroll- und Instandhaltungsmaßnahmen verantwortlich. Der Ingenieur-Assistent und der Motorenwart übernehmen Teile der Wartung der Gesamtanlage, bedienen Maschinen, die nicht automatisch gesteuert werden wie z.B. Ballastpumpen oder die Treiböl förderpumpen. Den Motorenhelfern ist die ständige Sauberhaltung aller Maschinen und des Maschinenraumes übertragen. Ohne Bordelektriker kann ein modernes Schiff praktisch nicht gefahren werden. Er ist für das einwandfreie Funktionieren aller elektrischen und elektronischen Anlagen an Bord zuständig.

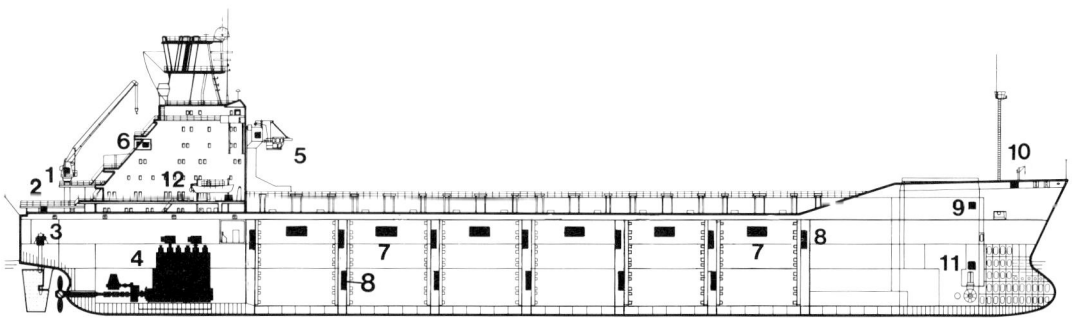

Diese Zeichnung gibt einen ungefähren Begriff von der Vielzahl der Maschinen,
die ein großes Schiff braucht, das monatelang unterwegs ist. Außer der Hauptmaschine, die das Schiff antreibt, und den stromerzeugenden Hilfsmaschinen werden alle Maschinen und Geräte auf diesen Schiffen elektrisch betrieben: von der Ankerwinde auf der Back bis zu den beiden Verholwinden auf dem Achterschiff, von der Rudermaschine bis zum Bugstrahlruder, über zweihundert Antriebsmotoren der Pumpen und Separatoren und der nautischen Hilfsgeräte wie z. B. Radar, Kreiselkompaß und Echolot, die Ladungskühlanlage, ferner die Rauchmeldeanlage, der Maschinentelegraf, das Tyfon usw., besonders auch die Elektronik der Steuer- und Regelanlagen sowie über 1200 Lichtquellen von 2 bis 800 Watt – alles wird elektrisch betrieben.

1: *Proviantkran –* **2:** *Verholwinden –* **3:** *Rudermaschine –* **4:** *Maschinenraum –* **5:** *Fahrbarer Gantry-Kran –* **6:** *Not-Diesel-Generator –* **7:** *Ladungskühlanlagen –* **8:** *Umwälzlüfter der Kühlanlagen –* **9:** *Kühlmaschinenraumlüfter –* **10:** *Anker- und Verholwinden –* **11:** *Bugquerstrahlruder –* **12:** *Bootswinden.*

Der Hauptantrieb wird mit einer Fernsteuerautomatik von der Kommandobrücke aus gefahren (Brückenfernsteuerung). Außerdem kann der Hauptmotor in herkömmlicher Weise vom Maschinenkontrollraum aus bedient werden, wobei der Maschinentelegraph als Kommandoelement dient (siehe auch Seite 51).

Im normalen Seebetrieb können Maschinenraum und Maschinenkontrollraum nachts unbesetzt bleiben. Alle notwendigen Arbeiten und Kontrollen werden normalerweise in der Zeit von morgens 6.00 Uhr bis abends 6.00 Uhr durchgeführt. Wenn während der Nachtzeit Störungen im Maschinenbetrieb auftreten, wird die Störung automatisch in der Kammer des Bereitschaftsingenieurs und auf der Brücke gemeldet.

Im Maschinenraum

Rund eine Stunde vor Abfahrt des Schiffes wird die Antriebsmaschine betriebsklar gemacht. Der Hauptmotor ist schon vorgewärmt, der Anlaßluftbehälter und die Brennstofftagestanks sind gefüllt. Wenn die Schmierölpumpe eingeschaltet ist, wird der Hauptmotor mit Druckluft, ohne Brennstoff einzuspritzen, kurz einmal voraus und zurück durchgedreht. Nach dieser Funktionskontrolle kann der Motor an die Brücke betriebsklar gemeldet, gestartet und auf Fernsteuerung umgeschaltet werden.

Vom Maschinenkontrollraum aus werden alle Manöver solange vom Bereitschaftsingenieur überwacht, bis er überzeugt ist, daß die Anlage automatisch einwandfrei läuft. Im Maschinenkontrollraum befindet sich auch das Gehirn der Maschinenanlage, ein zweifach vorhandener Elektronikrechner in Mikroprozessualtechnik. Er überwacht selbsttätig alle Drücke und Temperaturen der Maschinenanlage und der Ladungskühlanlage und führt Regelfunktionen durch.

Wenn das Schiff den Hafen verlassen hat, wird der Wellengenerator eingeschaltet und werden die Dieselgeneratoren abgesetzt. Dann läuft also nur noch eine Kraftmaschine, der Hauptmotor. Seine Leistung wird gleichzeitig zum Antrieb des Schiffes und zur Erzeugung des gesamten elektrischen Stromes benutzt. Für die Versorgung des Hauptmotors mit Schmieröl, Kühlwasser und Brennstoff sind zahlreiche Pumpensysteme erforderlich. Der Motor wird durch Frischwasserumlauf gekühlt, der wiederum selbst mit Seewasser gekühlt werden muß. Der Brennstoff und das Schmieröl werden ständig durch Separatoren gereinigt. Das sind Zentrifugen, die mit ihrer großen Schleuderwirkung Schmutz und Wasser aus dem Öl entfernen.

Auf einem modernen Motorschiff gibt es auch zwei Dampfkessel: Der Abgaskessel wird von den Auspuffgasen des Hauptmotors beheizt; der Hilfs-

Fortsetzung auf Seite 42

Blick auf die Zylinderstation

Das Bild zeigt die sechs Zylinderdeckel und links die beiden Turbolader zur Aufladung des Hauptmotors. Der freie Raum rechts dient bei Reparaturen als Abstellfläche für ausgebaute Kolben. Der weiße Anstrich bringt zusätzliche Helligkeit in den Maschinenraum.

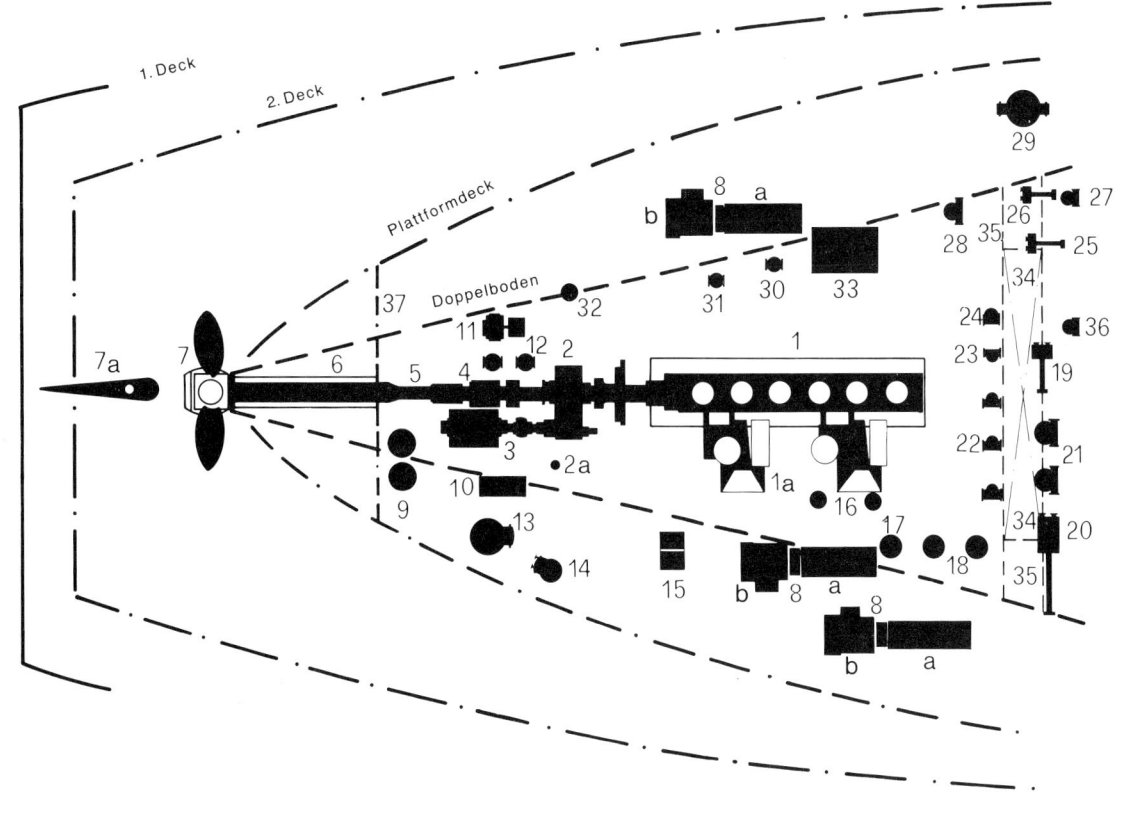

Übersicht über die Maschinenanlage des Schiffes

1: Haupt-(Antriebs-)Maschine, Leistung 10 590 kW (14 400 PS) – **1a:** Zwei Turbolader zur Aufladung des Hauptmotors – **2:** Getriebe für den Wellengenerator zur Drehzahlerhöhung von 122 auf 1800 U/min – **2a:** Ölkühler für das Getriebe des Wellengenerators – **3:** Wellengenerator, 3000 kW Drehstrom, zur Versorgung des Schiffes auf See mit Elektrizität – **4:** Verstellpropelleranlage – **5:** Wellenleitung – **6:** Propellerwelle im Stevenrohr – **7:** Verstellpropeller, vierflüglig, 5,8 m ⌀, 122 U/min – **7a:** Ruderblatt – **8:** Drei Dieselgeneratoren, Leistung je 1176 kW (1600 PS) zur Erzeugung von Strom für den Hafenbetrieb – **8a:** Dieselmotor – **8b:** Generator – **9:** Zwei Anlaßluftflaschen zum Starten der Hauptmaschine – **10:** Anlaßluftkompressor, erzeugt Anlaßluft für Hauptmaschine und Hilfsmaschinen – **11:** Steuer- und Arbeitsluftkompressor – **12:** Zwei Hauptschmierölpumpen – **13:** Frischwasserdrucktank – **14:** Warmwasserbereiter, hauptsächlich für den Wohnbereich – **15:** Kesselwasserfilter – **16:** Zwei Ölpumpen für den Verstellpropeller – **17:** Schmierölseparator zum Reinigen des Schmieröls – **18:** Zwei Schwerölseparatoren zum Reinigen des Brennstoffs – **19:** Zentralkühler für das Hochtemperatursystem – **20:** Zentralkühler für das Niedrigtemperatursystem – **21:** Zwei Hauptseewasserkühlpumpen, aus dem Seekanal gespeist – **22:** Drei Seekühlwasserpumpen für die Ladungskühlanlage – **23:** Feuerlöschpumpe – **24:** Feuerlösch- und Lenzpumpe – **25:** Schmierölkühler für die Hauptmaschine – **26:** Kolbenkühlwasserkühler für die Hauptmaschine – **27:** Ballastpumpe zum Umpumpen des Ballastwassers, mit dem das Schiff in einen sicheren Schwimmzustand gebracht wird – **28:** Lenzpumpe (Kolbenpumpe) – **29:** Frischwassererzeuger, Destilliervorrichtung zur Trinkwasserbereitung – **30:** Schwerölumförderpumpe – **31:** Dieselölumförderpumpe – **32:** Anlaßluftflasche für die Hilfs-Diesel – **33:** Fäkalienkläranlage – **34:** Seewasserkanal, aus dem alle Seewasserpumpen ansaugen – **35:** Seekasten, absperrbarer Seewassereintritt im Schiffsboden – **36:** Hafenseekühlpumpe – **37:** Achterpiekschott, die hintere wasserdichte Abgrenzung des Maschinenraumes.

Blick auf die Zylinderstation

1: *Zylinderdeckel der Hauptmaschine* – 2: *Turbolader* – 3: *Abgasleitung des Hauptmotors* – 4: *Frischluftaustritt* – 5: *Abgasleitung der Hilfs-Diesel.*

Die Zylinderstation gehört wegen des Lärms der schnellaufenden Turbinen (Drehzahl 10- bis 11 000 min⁻¹) zu den lautesten Bereichen im Maschinenraum. Deswegen ist für das Personal Gehörschutz vorgeschrieben.

Fortsetzung von Seite 40

kessel ist mit einem normalen Ölbrenner ausgerüstet und wird hauptsächlich im Hafen benutzt. Der Dampf dient in erster Linie zum Aufheizen des dickflüssigen Brennstoffs (Schweröl), außerdem zur Wohnraumheizung und zur Warmwasserbereitung.

Zu den Maschinenanlagen gehören auch Klimaanlagen, Proviantkühlanlagen, Ventilatoren, Abwasserkläranlagen, Trinkwasserentkeimungsanlagen, Feuerlöschanlagen, ein Ballastsystem und ein Lenzsystem. Das Ballastsystem besteht aus zwei Seewasserpumpen mit einer Leistung von je 400 cbm pro Stunde und zahlreichen Tanks, die durch Rohrleitungen miteinander verbunden sind. Im Hafen sorgt die Krängungsausgleichsanlage dafür, daß das Schiff beim Be- und Entladen von Containern automatisch immer eine aufrechte Schwimmlage beibehält. Dies geschieht durch Hin- und Herpumpen von Ballastwasser von einer Schiffsseite auf die andere, je nach Erfordernis.

Wenn ein Hafen erreicht ist und das Schiff festgemacht hat, hat die Hauptmaschine ihre Arbeit getan. Während der Liegezeiten arbeiten nur die Dieselgeneratoren, die jetzt zusätzlich zur normalen Stromversorgung des Schiffes auch die Energie für den Bordkran liefern.

Im Achterschiff über dem Propeller befindet sich die elektrohydraulische Ruderanlage. Sie hat eine Kraft von 40 mt und kann das Ruder in 28 sec von Bb nach Stb drehen und umgekehrt. Das Ruder wird normalerweise über das Selbststeuerge-

rät bewegt, welches das Schiff automatisch auf Kurs hält. Außerdem kann das Ruder von der Brükke aus mit dem Steuerrad oder über Druckknöpfe bewegt werden. Für den Fall, daß alle Steuermöglichkeiten von der Kommandobrücke ausgefallen sind, kann das Schiff noch direkt vom Rudermaschinenraum aus gesteuert werden.

Die Ladungskühlanlage kann 536 Kühlcontainer („Monte Cervantes" 592) während der ganzen Reise unter Sommer- und Winterbedingungen auf jeder beliebigen Temperatur zwischen plus 15 und minus 24°C halten. Dies geschieht dadurch, daß temperaturgeregelte Kaltluft mittels Ventilatoren durch die Container geblasen wird.

Rechts: Längsschnitt durch das Achterschiff und den Maschinenraum

1: *Hauptmaschine* – 2: *Turbolader* – 3: *Ersatzkolben* – 4: *Wellengenerator* – 5: *Kupplung* – 6: *Getriebe für den Wellengenerator* – 7: *Propellerwelle im Stevenrohr* – 8: *Verstellpropeller* – 9: *Halbschweberuder* – 10: *Fingerling* – 11: *Rudermaschine* – 11a: *Ruderschaft* – 12: *Abgaskessel* – 13: *Schalldämpfer* – 13a: *Auspuffrohr des Hauptmotors* – 14: *Frischluftkanal* – 15: *Auspuff für den Hilfs-Diesel* – 16: *Frischluftkanal* – 16a: *Ventilator* – 17: *Schornstein:* a *Abgasrohre der Hauptmaschine,* b *der drei Hilfs-Diesel,* c *des Hilfskessels* – 18: *Lüfterkopf* – 19: *Hilfskes-*

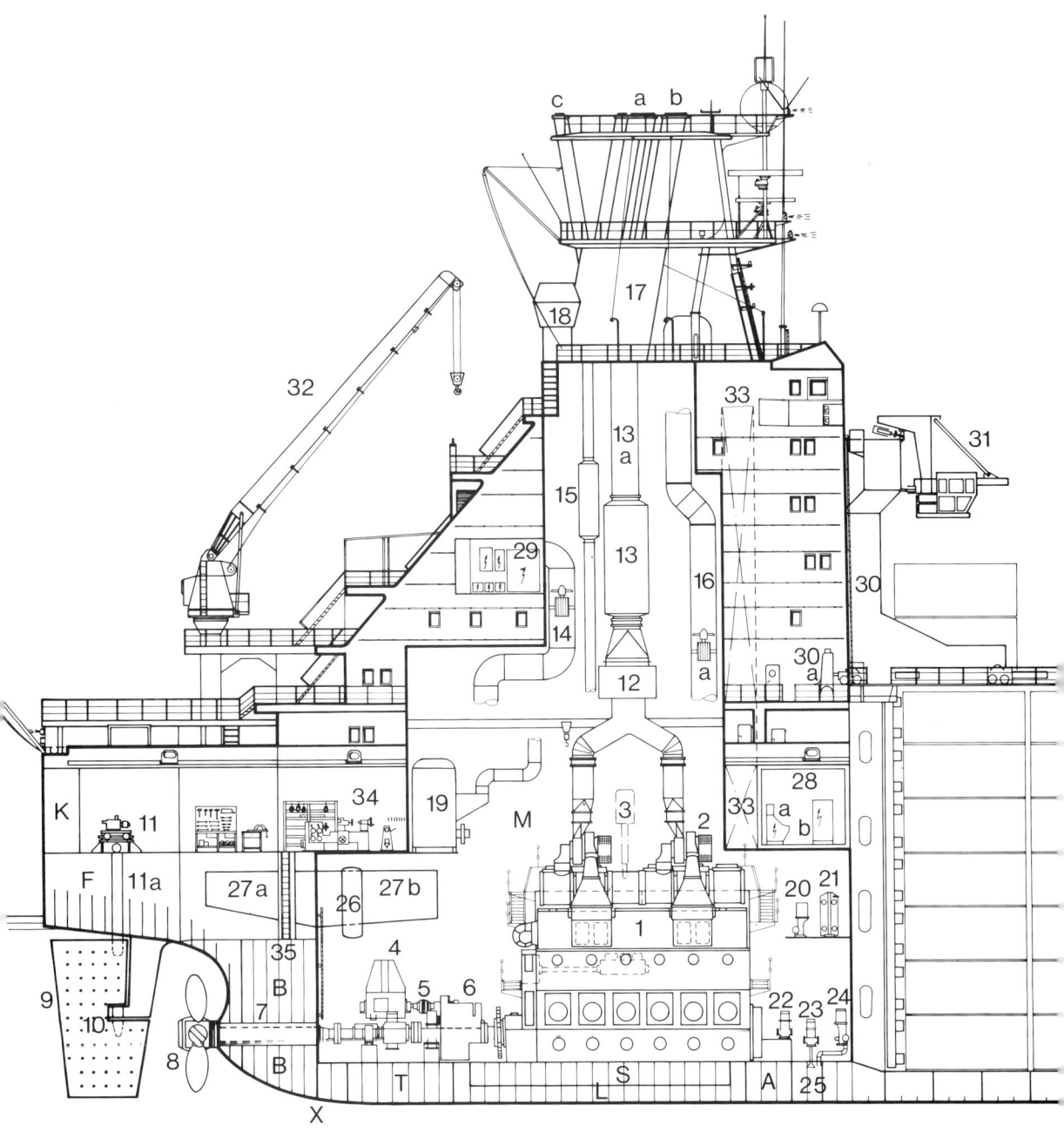

sel – **20:** *Hafenfrischkühlwasserpumpe* – **21:** *Zentralkühler für Hochtemperatursystem* – **22:** *Kolbenlenzpumpe* –
23: *Feuerlöschpumpe* – **24:** *Ballastpumpe* – **25:** *Seewasserkanal* – **26:** *Steuer- und Arbeitsluftflasche für pneumatische Regler und zum Antrieb von Druckluftwerkzeugen*
– **27a:** *Schweröl-Tagestank* – **b:** *Schwerölsetztank* – **28:**
Maschinenkontrollraum, **a** *Maschinenfahrpult*, **b** *Hauptschalttafel* – **29:** *Not-Dieselraum* – **30:** *Fahrbarer Portalkran (Gantry-Kran)* – **30a:** *Seezurrung zur Sicherung des
Gantry-Krans auf der Seereise* – **31:** *Laufkatze mit Hub-*

werk und Kranführerkabine – **32:** 5 t-Kran für den Transport von Proviant und Maschinenteilen – **33:** Fahrstuhl
vom 5. Aufbaudeck zum 2. Deck – **34:** Werkstatt und
Store – **35:** Notausstieg vom Maschinenraum.

A: Kühlwasserablauftank – **B:** Ballastwasser – **F:** Frischwasser – **K:** Kesselspeisewasser – **L:** Leerzelle (Kofferdamm) – **M:** Maschinenraum (stark umrandet) – **S:**
Schmieröl-Umlauftank – **T:** Schmutzwassertank – **X:**
Achterpiekschott – **B** und **F:** Achterpiek.

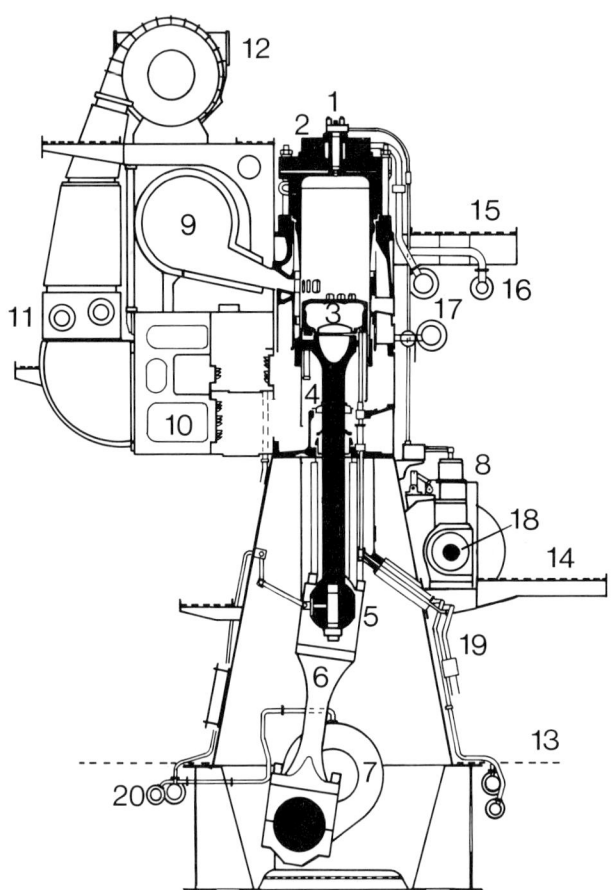

Querschnitt durch die Hauptmaschine
(Antriebsmaschine)

1: *Einspritzventil* – **2:** *Zylinderdeckel* – **3:** *Kolben* – **4:** *Kolbenstange* – **5:** *Kreuzkopf* – **6:** *Pleuelstange* – **7:** *Kurbelwelle* – **8:** *Einspritzpumpen* – **9:** *Auspuffsammelleitung, führt zum Turbolader* – **10:** *Spülluftkanal, führt vorverdichtete Luft vom Turbolader zu den Zylindern* – **11:** *Ladeluftkühler, kühlt die vorverdichtete Luft vom Turbolader* – **12:** *Turbolader, der von der Energie der Abgase angetrieben wird und Spülluft in den Spülluftkanal drückt* – **13:** *Maschinenflur* – **14:** *Zwischenstation* – **15:** *Zylinderstation* – **16:** *Anlaßluftleitung* – **17:** *Zylinderkühlwasserleitungen* – **18:** *Nokkenwelle* – **19:** *Kolbenkühlwasserleitungen* – **20:** *Schmierölleitungen.*

Der Maschinenraum
im Querschnitt
(Zur nebenstehenden Zeichnung)

1: *Hauptmaschine: Einfach wirkende Zweitakt-Dieselmaschine mit Turboaufladung. Leistung: 10590 kW (14 400 PS) – 122 U/min. – 2: Drei Acht-Zylinder-Viertakt-Diesel-Motoren; Leistung: je 1250 kW (1700 PS). – 3: Frischwassererzeuger – 4: Ölseparator – 5: Hauptseewasserpumpen – 6: Hafenseewasser- und Feuerlöschpumpe – 7: Fäkalienkläranlage – 8a: Klimakühlanlage – 8b: Ladungskühlanlage – 9: CO$_2$-Raum, Kohlendioxid für die Feuerlöschanlage des Schiffes. Von den Stahlflaschen führen* Rohrleitungen zu den angeschlossenen Räumen. – **10:** *Maschinenkontrollraum – 11: Maschinenfahrpult – 12: Steuerschränke für elektronische Steuerung und Regelung – 13: Wäscherei und Trockenraum – 14: Maschinen- und Decksbüro – 15: Maschinenraumkran 5 t zum Bewegen schwerer Ersatzteile – 16: Frischluftschacht – 17: Auspuff des Hauptmotors – 18: Abgaskessel – 19: Rauchrohr für den Hilfskessel – 20: Frischluftschacht – 21: Container-Heberahmen („Spreader") – 22: Portalkran* (Gantrykran) mit eingeklappten Auslegern – **23:** *Laufkatze mit Hubwerk – 24: Kranführerkabine – 25: Betriebsgang auf dem Hauptdeck, auf beiden Seiten des Schiffes durchgehend von achtern nach vorn – 26: Stützen für aufliegende Container*

A: *Umlauföltank für den Hauptmotor – B: Kofferdamm – C: Seekanal – D: Seekasten – E: Dieselöl-Setztank – F: Schmieröltank – G: Spant 40 – H: Spant 49 – I: Hauptspant*

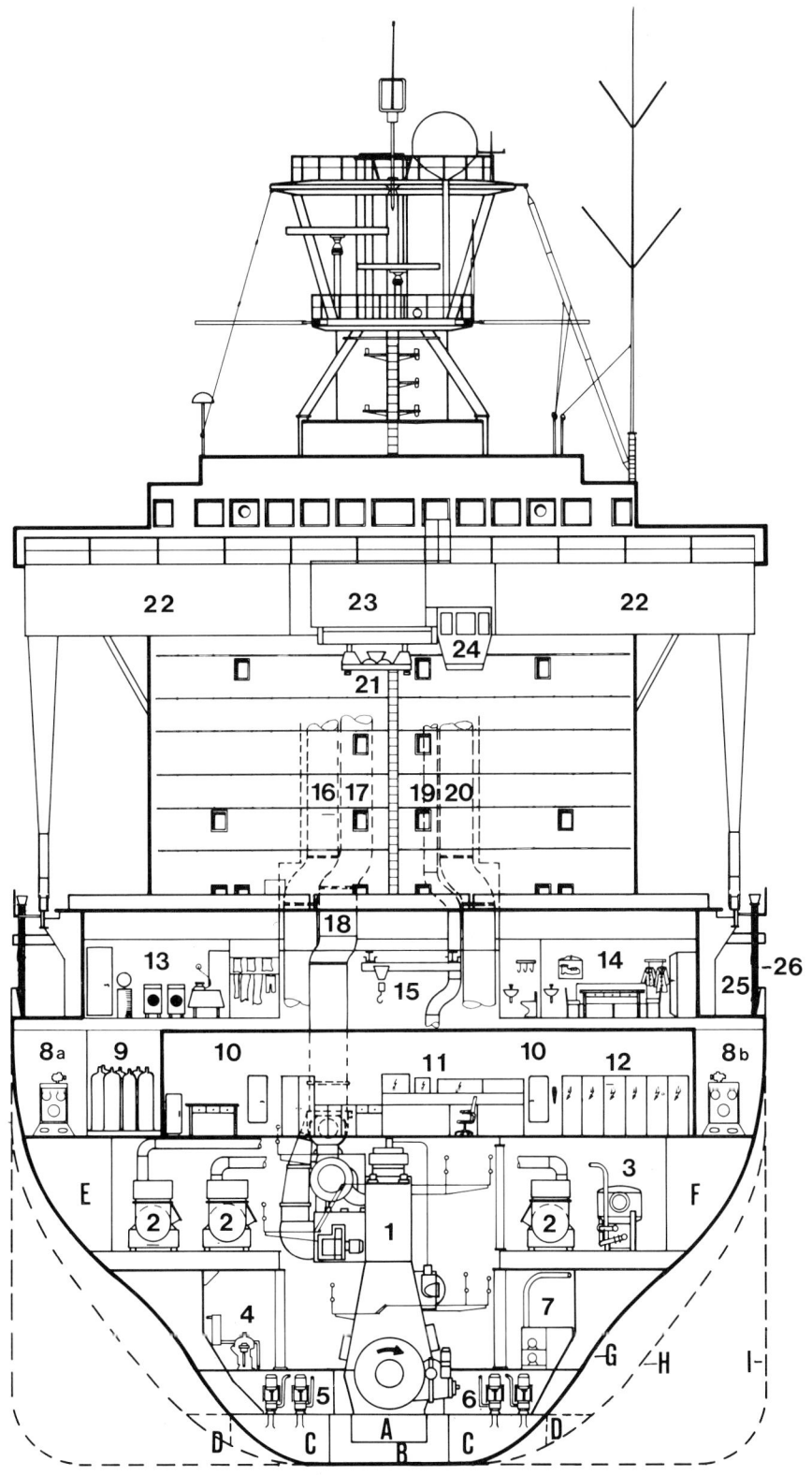

Die Hauptmaschine in der Montagehalle vor dem Einbau

Blick auf die spätere Backbordseite (von vorn nach achtern gesehen)

Bevor die Maschine in das Schiff eingebaut wurde, mußte sie zerlegt werden, da sie wegen ihrer Größe und ihres Gewichtes als Ganzes nicht transportabel gewesen wäre. Eine Vorstellung von der Größe geben die beiden Monteure auf der oberen und mittleren Station.

1: *Obere Zylinderstation mit den Zylinderdeckeln* – **2:** *Mittelstation mit den Brennstoffpumpen* – **3:** *Untere Station* – **4:** *Spülluftkanal. Spülluft dient zum Ausspülen der verbrannten Gase aus dem Zylinder und zum Auffüllen des Zylinders mit Frischluft* – **5:** *Abgasturbinen* – **6:** *Provisorische Abgasleitung* – **7:** *Drehschwingungsdämpfer zur Dämpfung kritischer Drehschwingungen.*

SULZER / Winterthur

Der AEG-Wellengenerator

ist ein Generator großer Leistung, der über ein Überset-zungsgetriebe vom Hauptmotor angetrieben wird. Er kann nur arbeiten, solange der Hauptmotor mit seiner Nenndrehzahl läuft. – Leistung: 3750 kVA, 450 V, 60 Hz.

A: Klemmkasten für die Anschlüsse der elektrischen Kabel – **B:** Kühler – **C:** Verstellmechanismus für die Propellerflügel.

Für den Wellengenerator kann zur Stromerzeugung das billigere Schweröl als Treibstoff verwendet werden. Die Dieselgeneratoren brauchen das leichtere, aber teurere Dieselöl als Treibstoff.

Einer der drei Diesel-Generatoren (Hilfs-Diesel)

Die von drei Acht-Zylinder-MAK-Viertakt-Dieselmotoren angetriebenen Generatoren liefern, wenn der Hauptmotor nicht in Betrieb ist, den elektrischen Strom für den Hilfsbetrieb und die Kühlanlage. – Leistung der Motoren: je 1250 kW (1700 PS), 720 U/min. Jeder der drei Hilfs-Diesel ist mit einem AEG-Generator von 1470 kVA, 450 V, 60 Hz gekoppelt.

A: Kurbelgehäuse – **B:** Einspritzpumpen – **C:** Spülluftkanal – **D:** Zylinderdeckel.

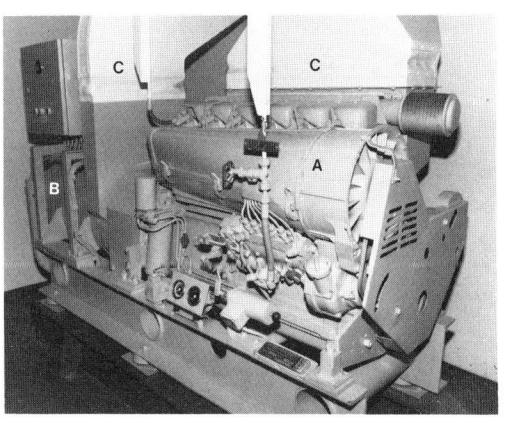

Das Notstrom-Aggregat im 3. Aufbaudeck,

bestehend aus einem Deutz-Dieselmotor, Leistung: 53 kW (72,4 PS), 1800 U/min, und einem AEG-Generator, Leistung: 58,8 kVA, 450 V, 60 Hz, startet automatisch, wenn die normale Stromversorgung ausfällt.

A: Luftgekühlter Dieselmotor – **B:** Generator – **C:** Kühlluftkanäle.

Mit den Lenzpumpen

werden Schwitz- und Leckwasser, die sich in der Bilge der Lade- und Maschinenräume gesammelt haben, über einen Entöler nach See gepumpt. Im allgemeinen versteht man unter Bilge Abwässergräben, die sich neben dem Doppelboden an beiden Schiffsseiten hinziehen und durch Rohrleitungen mit den Lenzpumpen verbunden sind. Die Abwässer sammeln sich in sogenannten „Lenzbrunnen" (Vertiefungen in der Doppelbodendecke) und werden durch die Lenzpumpen abgepumpt. Im Entöler wird das Öl vom Wasser getrennt. Das Altöl wird in einem separaten Tank gesammelt und im Hafen an Land gegeben.

1: Antriebsmotor – **2:** Kurbel – **3:** Kreuzkopf – **4:** Zylinder – **5:** Ventilkästen – **6:** Sicherheitsventil.

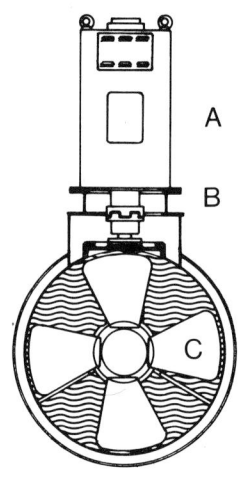

Rechts: Das Bugquerstrahlruder

dient zur Verbesserung der Manövrierfähigkeit des Schiffes im Revier und bei An- und Ablegemanövern. Schub: 11,5 t, Propellerdurchmesser 2,2 m.

A: Siemens-Elektromotor, Leistung 730 kW – **B:** Antriebswelle – **C:** Bugstrahlpropeller, der im Bugstrahltunnel unter Wasser arbeitet. *Bauart: LIPS*

Ein quer durch das Schiff gehendes Druckausgleichsrohr (Seite 55) verstärkt die Wirkung des Bugstrahlruders, wenn das Schiff fährt.

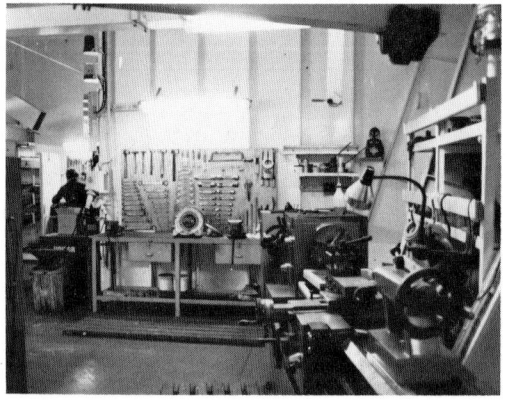

Eine Maschinenwerkstatt mit einer Drehbank, einer elektrischen Schleifmaschine, einer Säulenbohrmaschine und zahlreichen Werkzeugen befindet sich in unmittelbarer Nähe der Maschinen, so daß wichtige Reparaturen sofort mit eigenen Mitteln ausgeführt werden können. Zur Werkstatteinrichtung gehört auch eine komplette Anlage zum Gas- und zum Elektroschweißen. Das Schiff führt die wichtigsten Ersatzteile ständig mit, von der Mikrosicherung für den Elektronikrechner bis zum tonnenschweren Reservekolben mit Laufbuchse und Zylinderdeckel für den Hauptmotor. Es ist also auf See und im Ausland weitgehend von fremder Hilfe unabhängig.

Blick in die Maschinenwerkstatt

Rechts: Drehbank – Mitte: Werkbank mit Werkzeugtafel – Oben: Kranschiene für schwere Maschinenteile.

Eine Rudermaschine
vor dem Einbau

1 und 2: *Pumpenaggregate Steuerbord und Backbord*
3: *Antriebsmotoren für 1 und 2*
4: *Ruderwächter, überwacht die richtige Stellung des Ruders*
5: *Vier Hydraulikzylinder, in denen sich die Kraftkolben bewegen*
6: *Kolben*
7: *Ruderjoch, mit dem Ruderschaft fest verschraubt*
8: *Ruderschaft, führt zum Ruder.*

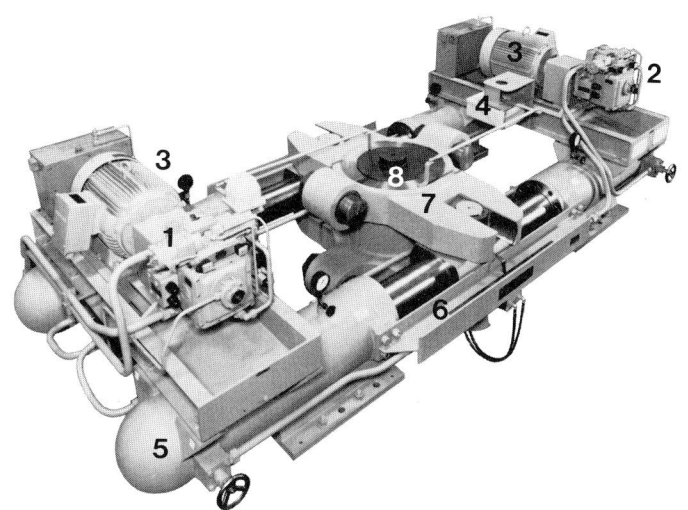

Die Rudermaschine

ist über dem Ruder aufgestellt. Sie dient zum Bewegen des Ruderblattes und ist eines der Aggregate an Bord, von denen die Sicherheit von Besatzung und Schiff unmittelbar abhängig ist.

Die abgebildete Rudermaschine ist eine Vier-Zylinder-Tauchkolbenanlage. Auf den Zylindern aufgebaut sind die beiden Pumpenaggregate, von denen im Normalfall eines eingeschaltet ist, d. h. eine Pumpe fördert ständig über ein Magnetventil Hydrauliköl in einen Kreislauf.

Wenn der Rudergänger auf der Brücke das Handrad am Steuerpult nach Backbord oder Steuerbord legt, wird der Kreislauf unterbrochen und von einem Magnetventil Öl entweder in die Backbord- oder Steuerbordseite der Zylinder gedrückt. Die dabei entstehende Hin- und Herbewegung der Kolben wird über einen Kulissentrieb als Drehbewegung auf das Ruderjoch und damit auf das Ruderblatt übertragen. Das Ruderblatt bewegt sich um soviel Grad, wie der Rudergänger das Handrad gelegt hat.

HATLAPA

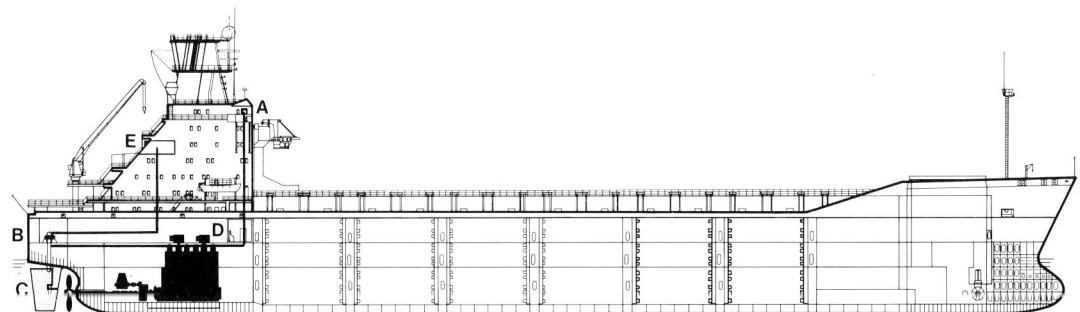

Wie das Ruder bewegt wird

*Von der Kommandobrücke **A** führen dünne Steuerkabel (1 × Handradsteuerung, 1 × Druckknopfsteuerung, 1 × Selbststeuer) zur Rudermaschine **B**. Das sind sozusagen die Nerven. Die Kraft für die Bewegung des Ruders **C** kommt über dicke Stromkabel von der Hauptschalttafel **D** im Maschinenkontrollraum und gesondert von der Notschalttafel **E**.*

Der Maschinenkontrollraum

Vom Maschinenkontrollraum aus werden die wichtigsten Maschinen gesteuert und überwacht.

Die Maschinenanlage wird auf modernen Schiffen meist nicht mehr unmittelbar vom Maschinenraum aus gefahren. Im Maschinenkontrollraum, der als langer, durchgehender Raum erhöht vor dem Ma-

schinenraum eingerichtet ist, befinden sich alle Steuerungs-, Meß-, Überwachungs- und Bedienungseinheiten (siehe auch Seite 43 und 45).

Links das Fahrpult mit den Anzeige- und Bedienelementen zur Überwachung. Hinten links die Rechenzentrale, rechts die Hauptschalttafel.

Ausschnitt aus dem
Maschinenfahrpult

1: *Datensichtgerät für automatische Regelkreise*
2: *Datensichtgerät für die Überwachung der Maschinen-Anlage*
3: *Hörer der batterielosen Notsprechverbindung zur Brücke und zum Leitenden Ingenieur*
4: *Hörer der Schiffstelefonanlage mit Wählscheibe*
5: *Ruderlagenanzeiger*
6: *Anzeige der Geschwindigkeit in Knoten.*

Die Bedienelemente der Antriebsanlage

1: *Steuerung des Hauptmotors –* **2:** *Steuerung des Verstellpropellers –* **3:** *Umdrehungsanzeiger –* **4:** *Nottelegraf –* **5:** *Wechselsprechanlage zur Brücke –* **6:** *Anzeige Alarmtableau –* **7:** *Signalverteiler (Signale leuchten auf) –* **8:** *Betriebsdruckmanometer für Kühlwasser, Schmieröl, Brennstoff usw.*

Ausschnitt aus der Hauptschalttafel im Maschinenkontrollraum

Links: Generatorfeld des Dieselgenerators 3 – Rechts: Synchronisierfeld Dieselgenerator/Wellengenerator. Hier erfolgt die Umschaltung des Bordnetzes von Dieselgeneratorbetrieb auf Wollengeneratorbetrieb und umgekehrt.

A: *kW-Messer der Dieselgeneratoren –* **B:** *Frequenzmesser für die Dieselgenerator-Schiene und Wellengenerator-Schiene –* **C:** *kW-Messer des Wellengenerators.*

Der Decksaufbau im Modell

1: Abgasrohre für Hauptmaschine und Hilfs-Diesel – **2:** Obere Schornsteinplattform – **3:** Schornstein – **4:** Lüfterköpfe – **5:** Hauptsendeantenne – **6:** Antennenkuppel für Satelliten-Telex – **7:** Radar-Antennen – **8:** Ausrüstungskran – **9:** Hand- und Fußpferde – **10:** Magnetkompaß – **11:** Peildeck – **12:** Fernsehantenne – **13:** Tür zum Ruderhaus – **14:** Brücken-nock – **15:** Positionslaternen – **16:** Fahrbarer Gantry-Kran – **17:** Fallreep – **18:** Zwei Rettungsinseln – **19:** Motorrettungs-boot – **20:** Reeling.

Blick auf das Maschinenfahrpult

A: *Maschinenprotokolldrucker, druckt in regelmäßigen Zeitabständen selbständig bestimmte Meßwerte aus;* **B:** *Störwertdrucker, zeichnet sebsttätig abweichende Werte auf;* **C:** *Kontrollampentableau der Ladungskühlanlage, zeigt an, welche Kühlanlagen in Betrieb bzw. gestört sind.*

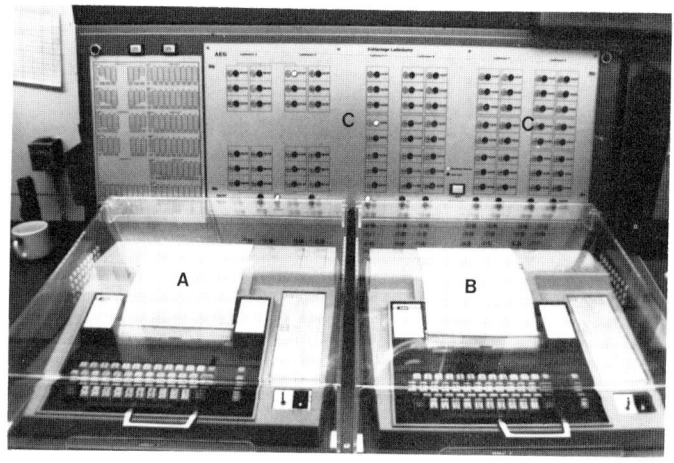

Am Trimmpult im
Maschinenkontrollraum

Von dieser zentralen Stelle aus können Ballastwasser und Brennstoff hydraulisch ferngesteuert von einem Tank in einen anderen umgepumpt werden. Wichtig für die Stabilität und Trimmlage des Schiffes beim Löschen und Laden. Im Oberteil des Pultes befinden sich die Anzeiger für den Inhalt der einzelnen Tanks.

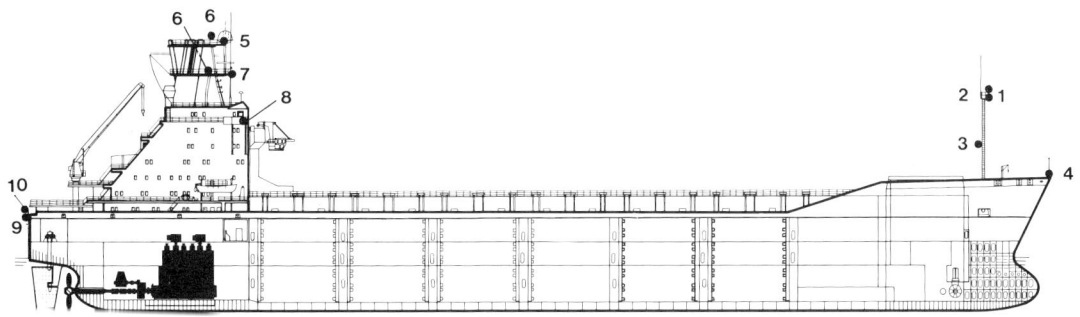

Anordnung der Positionslaternen

Positionslaternen sind von der Seestraßen- und Seeschiffahrtsstraßenordnung vorgeschriebene Lichter, die bei Dunkelheit ein Schiff markieren und seine Lage erkennen lassen: **1:** *Zwei Ankerlaternen, weiß –* **2:** *Zwei Topplaternen, weiß* **– 3:** *Steuerlicht, blau, für Große Seen- und Panamakanal-Fahrt –* **4:** *Suezkanal-Scheinwerfer, weiß –* **5:** *Morse-/ Manövriersignalleuchte, weiß –* **6:** *Zwei Fahrtstörungslaternen, rot –* **7:** *Zwei Topplaternen, weiß –* **8:** *Seitenlaternen, Steuerbord grün, Backbord rot –* **9:** *Hecklaterne, weiß –* **10:** *Zwei Ankerlaternen, weiß. – Alle 220 V.*

Das Vorschiff

Das Vorschiff unserer Containerschiffe ist besonders lang – es nimmt mehr als ¾ der gesamten Schiffslänge ein –, da sich an die hochgezogene Back das lange Wetterdeck mit den hochgezogenen Lukensüllen der Ladeluken II bis VIII anschließt. Die Ladeluke I befindet sich auf der Back.

Ganz vorn im Schiff liegen auch die Store-Räume, das „Kabelgatt" und die Werkstatt des Decksschlossers. Das Kabelgatt ist das Reich des Bootsmannes. Hier sind seine Vorräte an Ketten, aller Arten von Tauwerk, Persenningen, Laschgerät und Farben untergebracht.

Der untere Teil des Vorschiffes bis zum Kollisionsschott – die „Vorpiek" – ist ein Ballastwassertank.

Das Ankergeschirr auf dem vorderen Backdeck besteht aus der Ankerwinde, mit der die Anker eingehievt werden, und den Kettenstoppern, die die Ankerwinden entlasten. Die beiden Ankerketten laufen durch die Klüsen über Kettenstopper und Ankerwinde mit Kettennuß in den Kettenkasten.

Mit den Mooringwinden werden die Festmacherleinen eingehievt, und mit den Spillköpfen der Ankerwinde können je nach Wetterlage und Stromverhältnissen noch weitere Festmacherleinen ausgebracht werden.

Längsschnitt durch das Vorschiff
(Zeichnung auf der gegenüberliegenden Seite)

1: *Vormast mit Leiter –* **1a:** *Funkantenne –* **2:** *Zwei Ankerlaternen –* **3:** *Zwei Topplaternen –* **4:** *Zet-Horn (Tyfon) –* **5:** *Strahler für die Decksbeleuchtung –* **6:** *Steuerlicht blau für Große Seen- und Panamakanal-Fahrt –* **7:** *Flaggenstock für die Gösch (Flagge des Heimathafens) –* **8:** *Wechselsprechanlage zur Brücke –* **9:** *Klüse –* **9a:** *Walzenklüse –* **10:** *Schwanenhälse, z. B. für die Lüftung der Bootsmannsstores –* **11:** *„Galgen" für die Bootsmannsstores –* **12:** *Nebelglocke –* **13:** *Ankerwinde mit gekoppelter Festmacher- oder „Mooring"-Winde –* **14:** *Kettenkasten; Steuerbord- und Backbordseite sind durch ein Längsschott voneinander getrennt –* **15:** *Anker, je einer an Steuerbord und Backbord –* **16:** *Lukendeckel, 18–20 t schwer –* **17.** *Laderaum I/Bay 1 –* **18:** *Bootsmannsstores –* **19:** *Bootsmannsstores: Kabelgatt, enthält Bootsmannsvorräte wie Manilaleinen, Herkulesleinen (eine Leine aus ineinandergedrehtem Stahldraht und Hanf zum Laschen), Ketten, Drähte, Schäkel, Rettungsringe usw. –* **20:** *Werkstatt des Decksschlossers und Farbenraum –* **21:** *Vorpiek mit Ballastwasser –* **22:** *Wulstbug –* **23:** *Bugquerstrahlruder –* **24:** *Strömungsausgleichsrohr zur Verstärkung der Wirkung des Bugstrahlers –* **25:** *Vorderes Kollisionsschott und Einstieg zur Bugstrahlanlage –* **26:** *Erleichterungslöcher.*

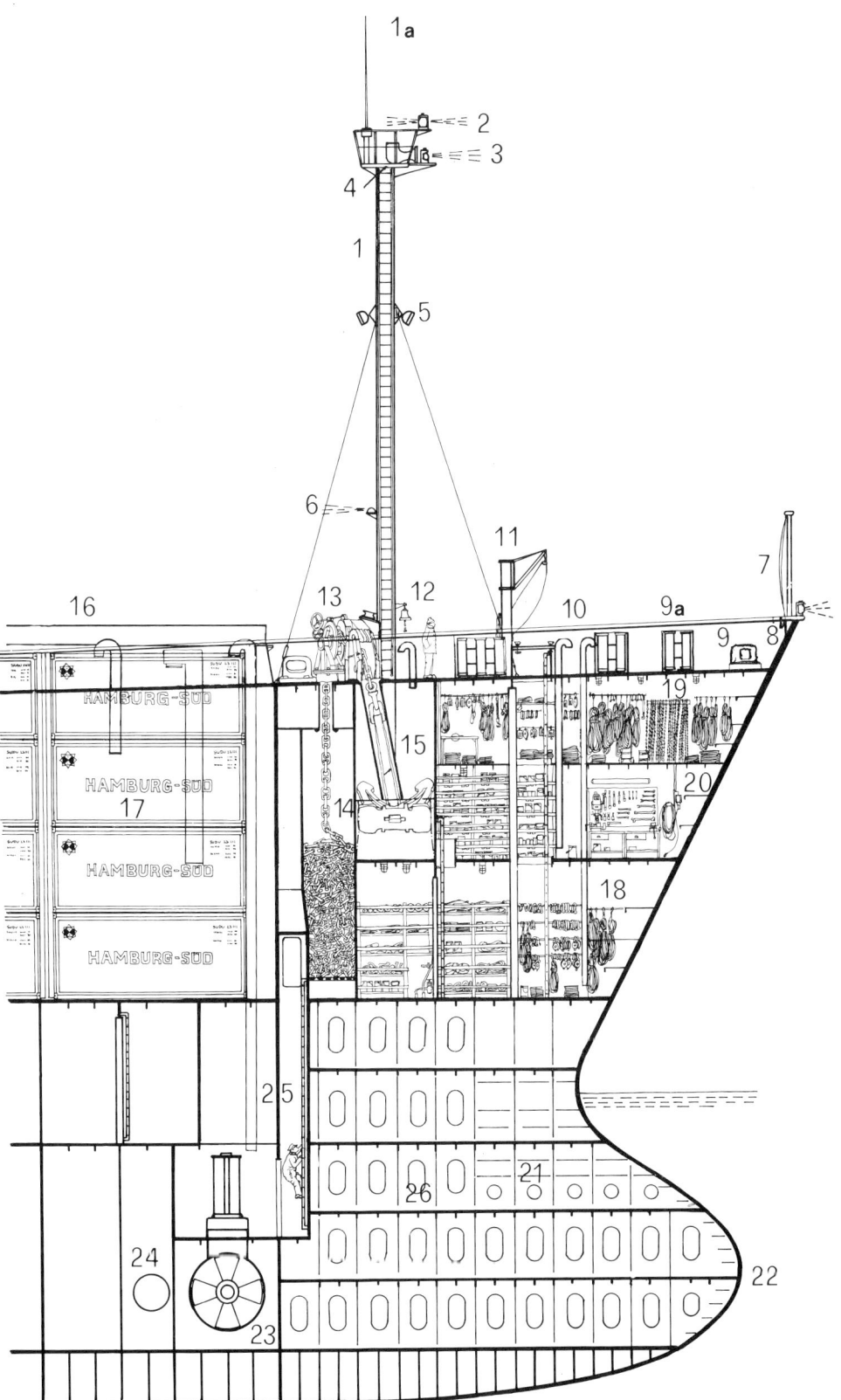

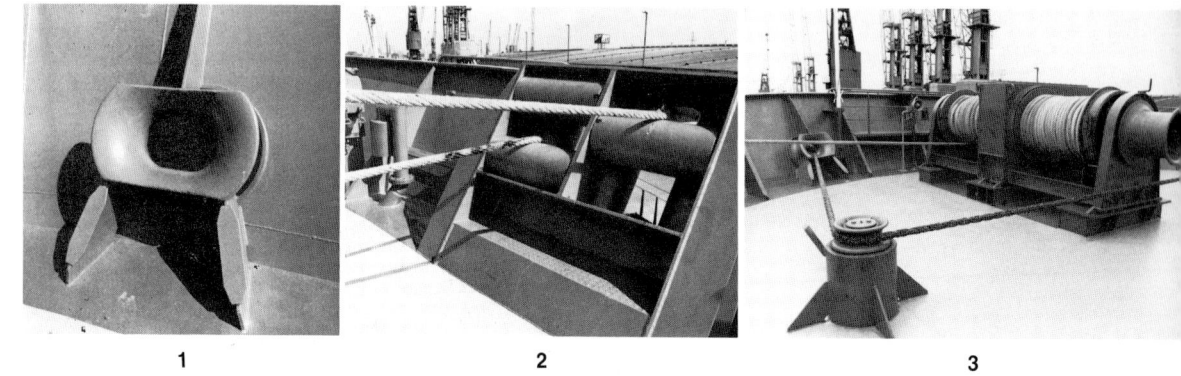

1   2   3

Allerlei Einrichtungen an Deck

1: *Eine Klüse ist eine Öffnung des Schiffes nach außenbords. Im Bild: Die „Panama-Klüse" am Bug, durch die Schleppleinen, besonders in den Schleusen des Panama-Kanals, geführt werden. – **2:** Walzenklüse mit waagerechten und senkrechten Walzen zur schonenden Führung der Festmacherleinen/Trossen. – **3:** Mooringwinden (Festmacherwinden) sind starke elektrische Winden mit gekoppelten Trommeln, auf denen die Festmacherleinen/Trossen beim Ab- und Anlegen des Schiffes eingeholt werden. Wenn die Winden ausgekuppelt sind, können mit dem Spillkopf*

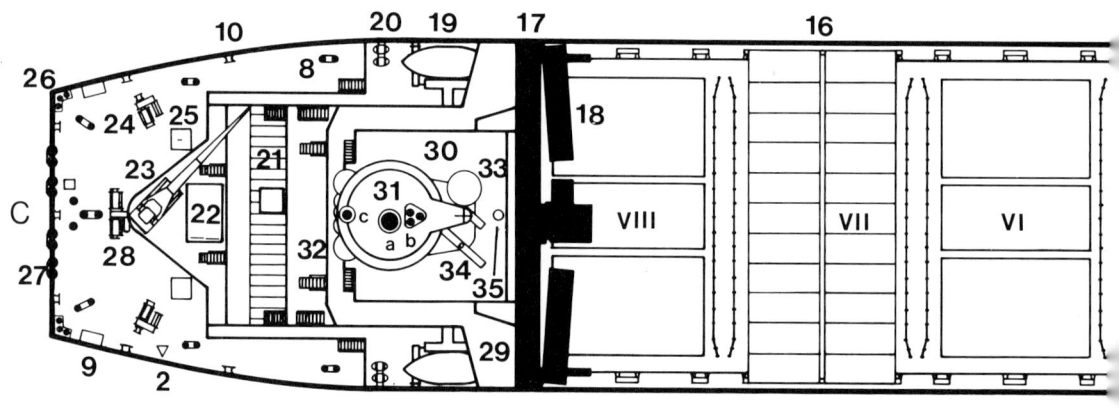

Mitte:
Vollcontainerschiff *Monte Rosa*
Decksaufsicht

A: *Bug* – **B:** *Backdeck* – **C:** *Heck* – *I-VIII: Laderäume.*

1: *Doppel-Festmacher-(„Mooring"-)Winde* – **2:** *Wechselsprechanlage zur Brücke* – **3:** *Walzenklüse* – **4:** *Luke zu den Bootsmannsstores* – **5:** *Vormast* – **6:** *Anker- und Mooringwinde* – **7:** *Umlenkrolle* – **8:** *Doppelpoller* – **9:** *Mooringwinden-Kontroller* – **10:** *Klüse* – **11:** *Reserve-* *anker* – **12:** *Rettungsinsel* – **13:** *Treppe vom Backdeck zum 1. Deck* – **14:** *Stützen für aufliegende Container* – **15:** *Schutzgeländer zwischen den Ladeluken* – **16:** *Container auf dem Lukendeckel/Laderaum VII* – **17:** *Fahrbarer Portalkran („Gantry-Kran")* – **18:** *Ausleger („Jibs") des Portalkrans* – **19:** *Motorrettungsboot* – **20:** *Rettungsinseln –*

| 4 | 5 | 6 |

zusätzliche Leinen eingeholt werden. – Vorn links: Umlenkrolle zur Führung einer Trosse. **4:** Auf eisernen Doppelpollern werden zusätzliche Leinen/Trossen belegt (kreuzweise belegt). Rechts: Poller mit Umlenkrolle. – **5:** Auf der Back stehen Lüfter (Schwanenhals) für die Be-/Entlüftung von Kabelgatt und Storeräumen. – **6:** Je zwei Windenkontroller für die Steuerung der Festmacher- und Mooringwinden befinden sich auf der Back und auf dem Achterschiff.

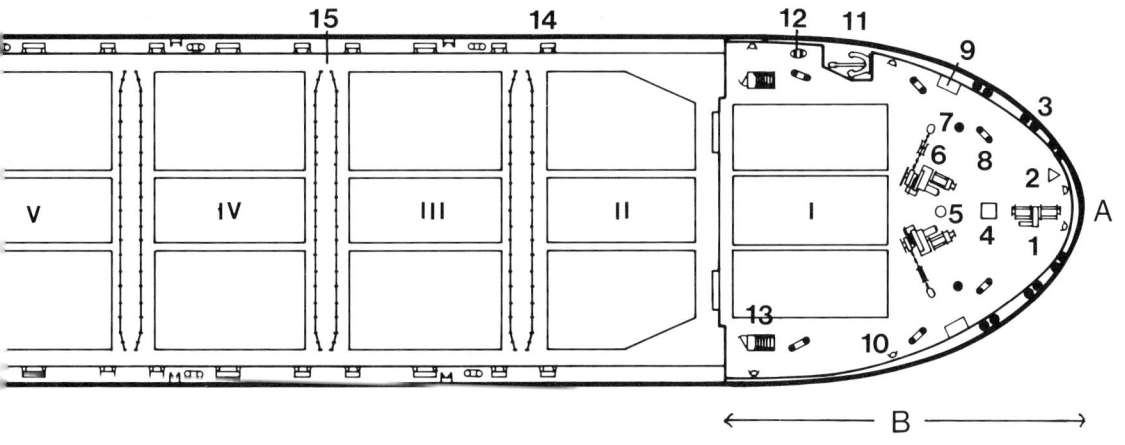

(Die meisten Ziffern kommen in der Zeichnung nur einmal vor!)

21: Sonnendach – **22:** Schwimmbad – **23:** 5-t-Ausrüstungskran – **24:** Einfache Festmacher-("Mooring"-)Winde – **25:** Notausstieg aus dem Maschinenraum – **26:** Lippenrollen – **27:** Walzenklüse (Rollenklüse) – **28:** Doppel-Festmacher-("Mooring"-)Winde – **29:** Brückennock – **30:** Peildeck – **31:** Obere Schornsteinplattform – **31a:** Abgasrohr Hauptmaschine – **31b:** Abgasrohr Hilfs-Diesel – **31c:** Abgasrohr Hilfskessel – **32:** Lüfterköpfe – **33:** Antennenkuppel für Satelliten-Telex – **34:** Radarantennen – **35:** Magnetkompaß.

Mannschaften auf dem Achterschiff beim Ablegen des Schiffes

Der Bootsmann am Winden-Kontroller gibt die Befehle, die er vom Wachoffizier empfangen hat, an seine Decksleute weiter.

Decksmannschaft beim Einholen eines Festmacherdrahtes. Das Tragen von Festmacherhandschuhen und Schutzhelm ist beim An- und Ablegen vorgeschrieben.

Arbeiten der Decksmannschaft

Die Decksmannschaft macht unter Aufsicht des Bootsmannes viele seemännische Arbeiten an Deck. Sie besteht aus Bootsmann, Decksschlosser, drei Matrosen und zwei bis drei Junggraden.

Zu den regelmäßigen Arbeiten der Decksleute gehören neben den laufenden Instandhaltungs-und Reinigungsarbeiten unter anderem:

das Festmachen und Losmachen der Leinen im Hafen, die Bedienung des Ankergeschirrs, das See-, Lösch- und Ladeklarmachen des Schiffes, das Ausbringen und Einholen des Fallreeps, das Klarmachen der Lotsenleiter beim Lotsenwechsel, sämtliche Reparaturen und Arbeiten am Laschgeschirr, wie Spannschrauben, Laschstangen, Twistlocks zum Verriegeln der Container, und an

Tauwerk und Drähten, z. B. das Spleißen (= die Verbindung zweier Tauenden oder das Einflechten von „Augen" in Tauenden), das Deckwaschen einschließlich der Aufbauten und Masten, das Rostklopfen, das Mennigen und Farbemalen und das Bedienen und Warten des Ladegeschirrs.

Für jede Wache auf dem Revier und wenn nötig auch zeitweilig auf See sind zwei Seeleute zur Wache eingeteilt; einer von ihnen steuert eine Stunde, während der andere in der gleichen Zeit als Ausguck auf der Back oder in der Nock steht.

Die Anker

Jedes der Monte-Schiffe besitzt außer zwei Patent-Bugankern einen Reserve-Buganker. Die beweglichen Flügel („Flunken" genannt) des Patentankers klappen beim Aufhieven gegen die Bordwand (Bild unten) und liegen damit so fest, daß auch die schwerste See ihn nicht aus seiner Lage bewegen kann. Ein solcher Anker wiegt 7,8 t. Jede der beiden Ankerketten ist 300 m lang. Der Anker wird übrigens nicht „geworfen", sondern man läßt ihn fallen. Das Kommando lautet: „Fallen Anker!"

Oben: Der Weg der Kette führt von außenbords durch die Ankerklüse 1 über Kettenstopper 2 und Kettennuß der Ankerwinde 3 in den Kettenkasten. Wenn das Schiff auf Reede liegt, wird die ausgesteckte Kette im Kettenstopper festgeklemmt, um Ankerwinde und angezogene Bandbremse 4 zu entlasten. Der Spillkopf 5 dient zum Einholen der Festmacherleinen. – Die Schiffsglocke 6 auf der Back wird, wenn das Schiff bei unsichtigem Wetter vor Anker liegt, als Nebelglocke gebraucht.

Mitte: Ein Reserveanker muß laut Vorschrift an Bord jedes Seeschiffes mitgeführt werden. Hier ist der Patentanker auf einem Podest an Backbordseite festgelascht. Im Bedarfsfall wird er mit Hilfe der Festmacherwinden (Mooringwinden) an seinen Platz gehievt.
1: Ankerschäkel („Röhring") – **2:** Schaft – **3:** Arme („Flunken") – **4:** Kreuz.

Ankertasche
mit eingezogenem Anker

Das letzte Glied der Kette wird durch einen Bolzen am Schott des Kettenkastens festgehalten. Wird es nötig, die bereits ausgesteckte Kette in einem außergewöhnlichen Notfall zu „slippen", so wird der mit einem Splint gesicherte Bolzen weggeschlagen, und die Kette rauscht aus. In tiefen Gewässern ist sie dann verloren, in flachen kann sie vom Taucher geborgen werden. – Ein Kettenglied hat hier 63 mm Eisenstärke.

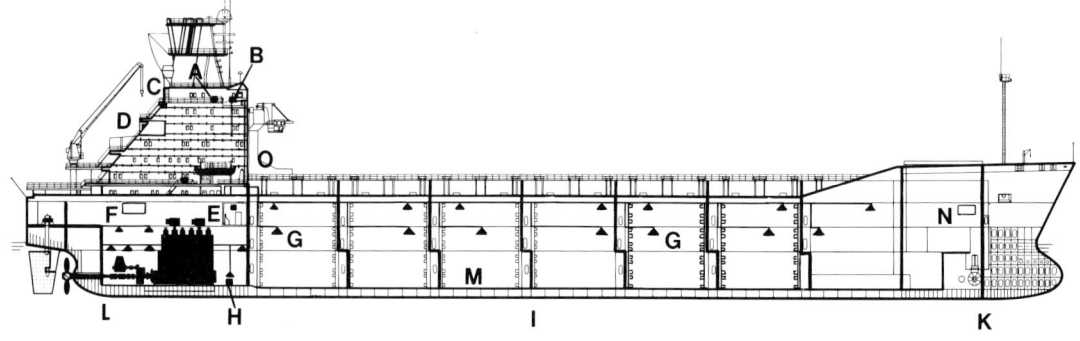

Die wichtigsten Sicherheits- und Rettungseinrichtungen auf den *Monte*-Schiffen:

A: *Funkstation –* **B:** *Rauchmeldeanlage für die Laderäume –* **C:** *Zentralbedienung für Feuerklappen –* **D:** *Notgenerator –* **E:** *Feuermeldeanlage für die Maschinenräume –* **F:** CO_2*-Feuerlöschanlage –* **G:** *Düsen für* CO_2 *–* **H:** *Lenz- und Feuerlöschpumpen –* **I:** *Zehn wasserdichte Schotten, darunter* **K** *Kollisionsschott und* **L** *Achterpiekschott –* **M:** *Durchgehender Doppelboden –* **N:** *Notfeuerlöschpumpe –* **O:** *Zwei Motor-Rettungsboote und fünf Rettungsinseln. – Zur Vorsorge für Notfälle gehören aber u. a. auch feuerdichte Türen, Feuerklappen in den Luftschächten, Schnellschließvorrichtungen in den Rohrleitungen der Brennstoffversorgung, ferner die zahllosen Ersatzteile für sämtliche Maschinen und Geräte wie z. B. Reserveanker und Ersatzkolben für die Hauptmaschine und natürlich auch die Bordapotheke und das Hospital. – In zwei Sicherheitsstores im 6. und 1. Aufbaudeck liegen u. a. bereit: 1 Atemgerät (Preßluftatmer), 1 Hitzeschutzanzug mit Handschuhen und Stiefeln, 1 explosionsgeschützte Handlampe, 1 Bohrmaschine, 1 Gasspürgerät, 1 Sicherheitsleine und 1 Axt.*

Zahlreich sind die Sicherheits- und Rettungseinrichtungen an Bord

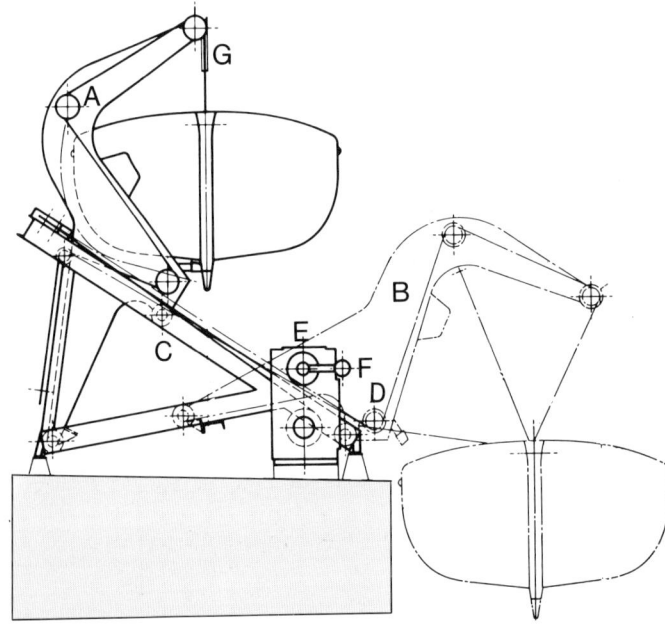

Die Bootsdavits

Um ein Boot zu Wasser zu lassen, genügt ein Mann. Nachdem sämtliche Zurrungen gelöst sind, steht er am Bremshebel und regelt von dort aus das Fieren (Niederlassen) des Bootes.

Das Boot hängt in den beiden Davitarmen. Diese gleiten beim Ausschwingen auf den Gleitbahnen bis zum Anschlag- und Drehpunkt, an dem das Boot aus seiner normalen Lage in Sekundenschnelle bis über die Bordwand vorschwingt, und zwar so weit, daß es noch frei über dem Wasser hängt, selbst wenn das Schiff 15° Schlagseite hat. Dann wird das Boot bis in die Höhe des Bootsdecks weggefiert und von dort bestiegen.

Das Hieven (Hochziehen) des Bootes erfolgt mit der elektrischen Bootswinde.

A: *Davitarm in Ruhestellung –* **B:** *Davitarm ausgeschwungen –* **C:** *Gleitbahn –* **D:** *Anschlag- und Drehpunkt für den Davitarm –* **E:** *Seiltrommeln für die Bootsläufer –* **F:** *Bremshebel für die Seiltrommel –* **G:** *Bootsblock, über den der Bootsläufer geschoren ist. – Die elektrische Bootswinde ist auf der Zeichnung nicht sichtbar.*

Der Schiffskörper hat aus Sicherheitsgründen einen doppelten Boden. Die Längs- und Querfestigkeit des Schiffes wird durch ein durchgehendes Deck und mehrere Querschotte verstärkt. Diese reichen bis zum obersten durchgehenden Deck und bilden dadurch mehrere wasserdicht abschließbare Abteilungen, die das Schiff schwimmfähig erhalten, selbst wenn eine oder zwei davon durch Wassereinbruch vollaufen.

Zahlreiche Notanlagen stehen zur Verfügung, wenn die Hauptanlagen ausfallen: Not-Dieselgenerator, Notlenzpumpe, Notruder usw. Feuerlöschgeräte hängen an zahlreichen Stellen im Schiff bereit.

Eine Rauchmeldeanlage, deren Rohre in sämtliche Landeräume führen, meldet jede Rauchentwicklung in diesen Räumen.

Mit der CO_2-Anlage kann Feuer in den Lade- und Maschinenräumen und dem Maschinenkontrollraum bekämpft werden. Der Sicherheit des Schiffes dienen auch Funkanlage und Radar (Verhinderung von Zusammenstößen).

Bereits eines der zwei Motorrettungsboote reicht für sämtliche Menschen an Bord aus. Rettungsinseln liegen griffbereit an Deck. Rettungsringe sind über das ganze Deck und auf dem Aufbau verteilt, und ausreichend viele Schwimmwesten sind vorhanden.

Das Treppenhaus im Decksaufbau ist feuersicher durch selbstschließende Türen von den Wohnräumen abgetrennt. Wände, Decken und Türen im Aufbau sind unbrennbar.

Rauchmelde- und Feuerlöscheinrichtung, geöffnet

Die geringste Rauchentwicklung meldet sich sofort selbst

durch ein Ton- und Lichtsignal im Ruderhaus. Von der Brücke aus führt ein System von Röhren in jeden Laderaum und saugt von dort ständig Luft ab, die an einer Fotozelle an der Rauchmeldeanlage auf der Brücke vorbeiführt. Die geringste Rauchentwicklung in einem der Räume löst sofort auf der Brücke ein Hupensignal aus und zeigt gleichzeitig an, um welchen Laderaum es sich handelt. Durch das gleiche weitverzweigte Rohrsystem wird der gemeldete Raum unter CO_2-Gas gesetzt, die Sauerstoffzufuhr wird unterbunden und dadurch das

Feuer erstickt. Die Rauchmeldeanlage muß täglich überprüft werden.

1: Sichtfenster, System: Minimax, hinter dem Düsen aus den verschiedenen Laderäumen münden. Bei Feuer in einem Raum wird Rauch durch die entsprechenden Düsen angesogen – 2: Glasröhrchen mit Anzeige – 3: Verbindung zu den Laderäumen – 4: Verbindung zum Lüfterkasten auf dem Peildeck – 5: Fotozellen für Rauchanzeige und Alarmauslösung.

Überall an Deck hängen Rettungsringe,

mit einer schwimmfähigen Füllung und mit dem Namen des Schiffes und seines Heimathafens versehen.

An einigen Ringen hängen kombinierte Tag- und Nachtrettungssignale (Leucht- und Rauchzeichen), mit denen sie auf dem Wasser weithin zu sehen sind.

„Hand- und Fußpferde" heißen die an die Außenwände des Aufbaues mit Stegen angeschweißten, abstehenden Griff- und Tritt-Vierkantstahlleisten, die im Notfall als Fluchtweg dienen sollen.

Fünf Rettungsinseln für je 12 Personen

liegen zusammengefaltet in schlagfesten GFK-Containern (GFK = Glas/Faser/Kunststoff) auf dem Vor- und dem Achterschiff. Sie sind mit automatischen Aufblasvorrichtungen versehen, die durch Zug an der Reiß-Fangleine ausgelöst werden. CO_2-Gas strömt aus einer Gasflasche in die Schläuche. Die Rettungsinsel entfaltet sich auf dem Wasser und ist nach 30 Sekunden aufnahmebereit für die Schiffbrüchigen.

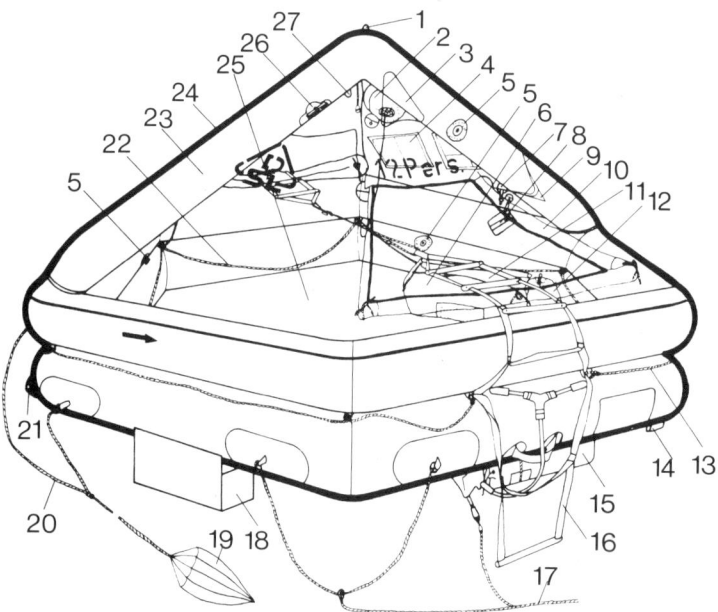

Was alles zu einer Rettungsinsel gehört

1: Außenbeleuchtung – **2:** Rettungswurfring mit Leine – **3:** Belüftungsöffnung – **4:** Instruktionsschild – **5:** Nachblas-Entlüftungsventil – **6:** Seenotproviant – **7:** Regenwasser-Zapfstelle – **8:** Seenotsignale – **9:** Regenwasser-Auffangvorrichtung – **10:** Eingangsverschlußplanen – **11:** Paddel – **12:** Blasebalgbeutel und Reparaturzeug – **13:** Äußere Griffleine – **14:** Wasseraktivbatterie – **15:** Druckgasflasche mit Reißventil – **16:** Einsteigleiter – **17:** Reiß-Fangleine – **18:** Kenterschutzbeutel – **19:** Treibanker – **20:** Treibanker-Beiholeleine – **21:** Überdruckventil – **22:** Innere Griffleine – **23:** Dachbügel – **24:** Aufblasbares Doppeldach – **25:** Aufblasbarer Doppelboden – **26:** Klappmesser – **27:** Innenbeleuchtung.

Zeichnung: Deutsche Schlauchbootfabrik

Für jeden ein Platz im Boot

Nach den gesetzlichen Vorschriften muß auf jedem See-schiff an beiden Schiffsseiten genügend Bootsraum für sämtliche an Bord befindlichen Menschen sein, so daß bei Schlagseite des Schiffes jeder einen Platz in dem Boot findet, das noch zu Wasser gelassen werden kann.

Jedes der *Monte*-Schiffe besitzt zwei Motorrettungsboote für je 40 Mann und fünf Rettungsinseln. Die Davits (Seite 62) sind so eingerichtet, daß ein einzelner Mann das Boot zu Wasser lassen kann. Die Boote schwingen nämlich bei diesen Davits durch ihr eigenes Gewicht selbsttätig aus und müssen nur gebremst werden.

Jedes Boot enthält außer den Riemen und einer Segel-einrichtung Notproviant und Frischwasser, Kompaß, Wel-lenberuhigungsöl, Notsignale und Treibanker, Verband-zeug usw. Im Seenotfall wird die Rettungsbootfunkstation vom Funkoffizier ins Boot gebracht.

Eine tragbare Rettungsbootfunkstation liegt im Ruderhaus bereit

Sie ist eine jederzeit betriebsbereite Sende-Empfangsan-lage zur Aussendung von Seenotrufen auf den internatio-nalen Seenotfrequenzen und zum Empfang von Funksi-gnalen auf 500 und 2182 kHz.

Die Rettungsbootstation kann durch eine Person für den Seenot-Funkverkehr klargemacht und bedient werden. Sie ist mit einer leicht zu errichtenden 7-m-Glasfaser-Teleskopantenne sowie mit einer 10-m-Drahtantenne ausgerüstet.

Durch die Ausstrahlung von Funksignalen wird es ermög-licht, daß das Rettungsboot eingepeilt wird und durch „Zielfahrt" von Schiffen und/oder Suchflugzeugen ange-steuert werden kann. Falls bekannt, können die Seenot-position und andere wichtige Nachrichten, die zur Durch-führung einer erfolgreichen Rettungsaktion beitragen können, per Telegrafie gesendet werden.

Die tragbare Rettungsbootstation ist wasserdicht und schwimmfähig in eine schlagfeste Kapsel eingebaut, die aus maximal 20 m Höhe unbeschadet ins Wasser gewor-fen werden kann.

Foto: DEBEG

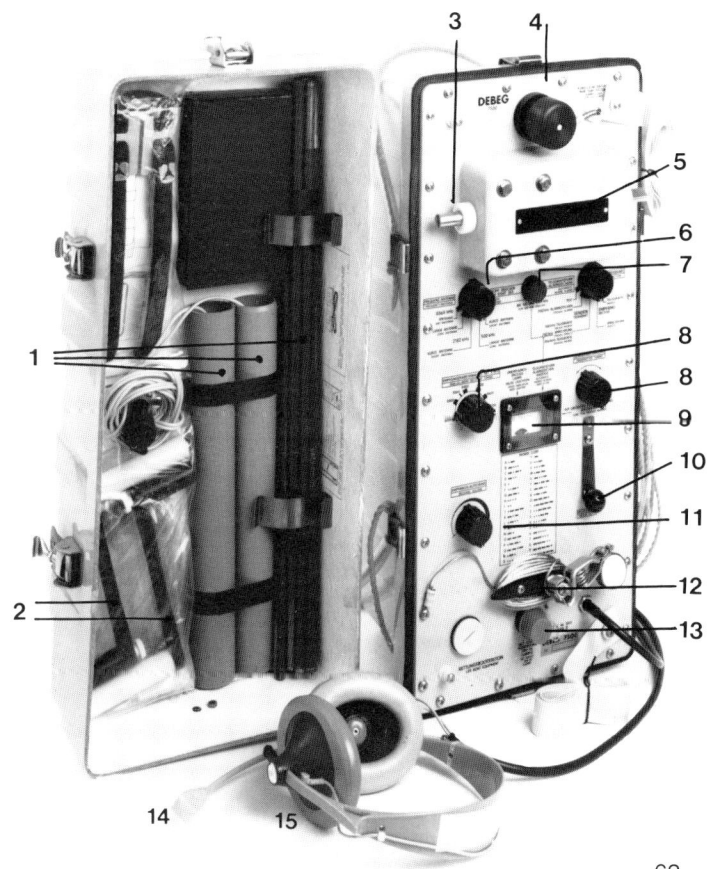

Blick in die geöffnete Rettungsbootstation

1: Teleskopantenne – 2: Handkurbeln für die Stromerzeugung durch den eingebauten Generator – 3: Zapfen für die Handkurbeln – 4: Antennenan-schluß – 5: Rufzeichen des eigenen Schiffes – 6: Frequenzschalter – 7: Start des Alarmzeichens – 8: Abstim-mung für Empfänger und Sender – 9: Generatorspannung und Antennen stromanzeige – 10: Morsetaste – 11: Lautstärke des Empfängers – 12: Er-dung – 13: Anschluß für Fremdstrom-versorgung – 14: Lippenmikrophon für Sprachdurchsage – 15: Kopfhörer.

Foto: DEBEG

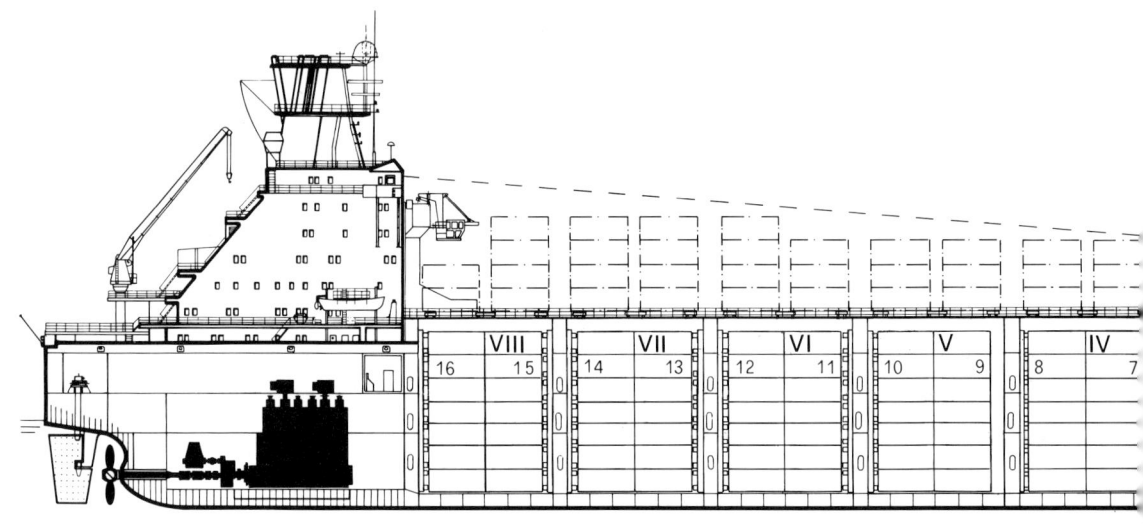

VIII		VII		VI		V		IV
16	15	14	13	12	11	10	9	8	7

Vom Stückgutfrachter zum Vollcontainerschiff

Es ist merkwürdig, daß man nicht früher auf den Gedanken gekommen war, Stückgüter aller Art in große Kisten zu packen, um das Be- und Entladen der Schiffe zu vereinfachen und zu beschleunigen, und damit die Liegezeiten zu verkürzen und u. a. Liegegelder zu sparen. Die Zeit dafür war damals noch nicht gekommen.

Kleinere und größere feste Behältnisse, in denen man die verschiedensten Dinge bequem transportieren konnte, hat es schon lange gegeben: Truhen, Kisten, Koffer. Die eigentlichen Vorläufer des Containers (Behälter mit eingepacktem „Stückgut") waren vielleicht Kisten, so groß wie Möbelwagen, in denen Auswanderer ihren Hausrat ins Ausland mitnahmen. Im Zweiten Weltkrieg und im Korea- und Vietnamkrieg haben die Amerikaner containerartige Riesenkisten für den Transport und die Lagerung von Nachschubgütern benutzt.

Die Geschichte des heutigen genormten Containers begann im Jahre 1956, als in USA zum ersten Mal Behälter mit Eckbeschlägen versehen wurden. Im gleichen Jahr ist dann auch der erste Containerdienst zwischen USA und Puerto Rico eröffnet worden. Auch das erste mit Containern beladene Schiff, das 1966 in einem europäischen Hafen festmachte, kam aus USA. Das erste deutsche Vollcontainerschiff (Hapag-Lloyd) lief 1968 von Hamburg aus...

Ähnlich wie andere Erfindungen erst durch weitere technische Einrichtungen nutzbar gemacht wurden – für den Dampfwagen zum Beispiel die Schienen, Brücken, Tunnel, Signale, Bahnhöfe usw. –, wurde der Container-Dienst erst durch ein System von eigens für ihn geschaffenen zusätzlichen Einrichtungen zu dem, was er heute ist. Spezialschiffe mit komplizierter Ausrüstung mußten gebaut werden, haushohe Brücken für das Löschen und Laden der Container, riesige Spezialfahrzeuge für die Beförderung und Stapelung der Container auf neu angelegten Lagerflächen mußten entstehen, ein hochentwickeltes elektronisches Datenverarbeitungssystem mußte aufgebaut werden usw., um in wenigen Jahren ein gut funktionierendes Transportwesen zu schaffen, dessen Mittelpunkt der Container ist...

Leistungsvergleich

Ein Vollcontainerschiff kann in einer Arbeitsstunde etwa zehn- bis zwanzigmal soviel Ladung in Containern laden oder löschen wie ein Frachter auf herkömmliche Weise schafft.

Dabei sind bei der Beladung eines Containerschiffes etwa 40 bis 60 Schauerleute tätig, für das konventionelle Schiff dagegen 200 bis 400. Ein konventionelles/herkömmliches Schiff brauchte früher zum Löschen und Laden von etwa 10 000 Stückgut-Tonnen acht bis zehn Tage, heute braucht ein Vollcontainerschiff für den Umschlag der gleichen Menge in Europa etwa zwei, in Über-

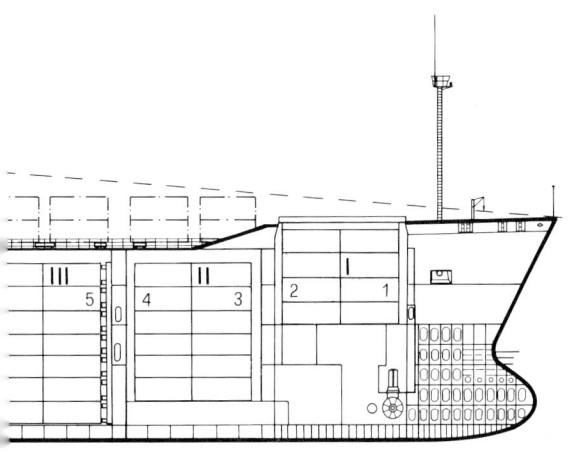

Längsschnitt durch ein vollbeladenes *Monte*-Schiff

Ein Vollcontainerschiff transportiert wegen der kürzeren Rundreisedauer etwa doppelt soviel Stückgut wie ein konventioneller Frachter gleicher Größe.

Jeder der acht Laderäume (I-VIII) auf den Monte-Schiffen ist in zwei Bays (1-16) geteilt, in die Container bis zu siebenfach hoch gestapelt werden können. Unter Deck können bis zu 650 Zwanzig-Fuß-Container, davon 536 bzw. 592 (Monte Cervantes) an das Kühlsystem angeschlossene Isolier-Container, und 48 Vierzig-Fuß-Container gefahren werden.

An Deck können 304 Zwanzig-Fuß-Container befördert werden, insgesamt also 1050 TEU, so heißt nach internationaler Absprache die Maßeinheit im Containerverkehr (siehe S. 69). Jeder Vierzig-Fuß-Container entspricht 2 TEU.

Auch auf den Lukendeckeln können anstelle von Zwanzig-Fuß-Containern Vierzig-Fuß-Container gestaut werden.

Die Decksladung muß so gestaut sein, daß zu jeder Zeit der vorgeschriebene „Sichtstrahl" von der Kommandobrücke über den Bug hinweg auf das Wasser eingehalten wird.

see drei bis vier Tage. Vollcontainerschiffe können also mehr Fahrten im Jahr machen und dadurch wirtschaftlicher arbeiten als konventionelle Stückgutfrachter.

Allerdings können Container nur dann wirtschaftlich eingesetzt werden, wenn da, wo sie gelöscht werden, auch wieder Ladung für die Gegenrichtung zur Verfügung steht. Um sich die Vorteile des Containertransportes nutzbar zu machen, ist man deshalb bestrebt, die Güter für den Containertransport in passenden Größen zu verpacken.

Die Anpassung der Ladung an das neue Transportsystem wird noch Jahre dauern und immer weiter entwickelt werden.

Querschnitt durch ein *Monte*-Schiff

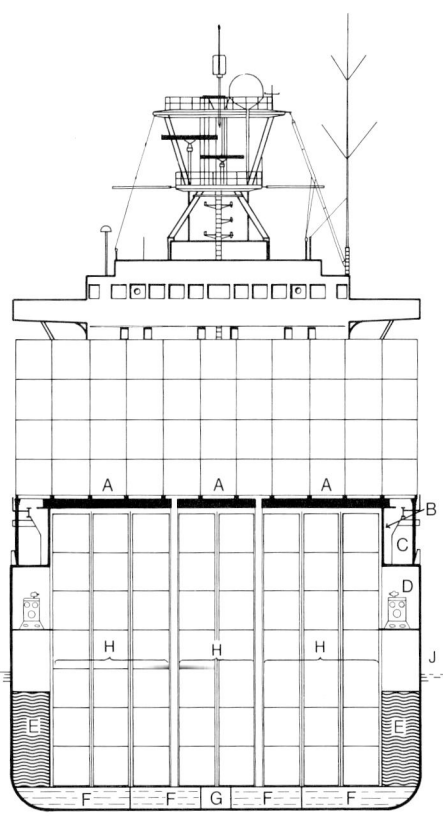

Im Raum sind bei voller Schiffsbreite acht Container neben-, sieben übereinander gestapelt. Auf den Lukendeckeln A haben elf Container nebeneinander und vier übereinander Platz – B Hochgezogenes Lukensüll – C Offener Seitengang mit Stützen für aufliegende Container – D Kühlmaschinen im Seitengang („Passage Way"), der unter Deck von vorn bis achtern führt – E Seitentanks mit Ballastwasser – F Doppelbodentanks – G Rohrtunnel – H Führungsschienen („Cell Guides") – J Wasserlinie.

Typisch für die Bauweise der Container-Schiffe sind die extrem großen Lukenöffnungen.

Die Bauweise der Containerschiffe

Von allen anderen Schiffen auf den Weltmeeren unterscheiden sich beladene Containerschiffe durch ihre an Deck hochgetürmte Ladung, die ihnen schon von weitem einen unverwechselbaren Umriß gibt. An Deck und bis tief in die Laderäume hinein stapeln sich tausend und mehr genormte Transportbehälter – Container –, die äußerlich über ihren Inhalt nichts verraten.

So nüchtern Containerschiffe und ihre Transportbehälter erscheinen, so interessant und abenteuerlich ist ihr Alltag: sie geben viele Fragen auf...

Containerschiffe unterscheiden sich in ihrer Bauweise von allen anderen Seeschiffen durch ihre extrem großen Lukenöffnungen. Sie sind die Voraussetzung dafür, daß die Container fast in voller Breite des Schiffes senkrecht in die Laderäume eingeführt und in Zellen vertikal übereinander gestaut werden können. Die Führungsschienen dieser Zellen verhindern ein Verschieben oder Kippen der Container im Seegang.

Die Größe der Lukenöffnungen kommt aber nahezu einem Fortfall der Festigkeit gebenden Decksfläche gleich. Um die dadurch entstehende Schwächung des Schiffskörpers auszugleichen, werden in Containerschiffen über den Querschotten starke Kastenträger eingebaut, die an den Seiten in noch größere längslaufende Kastenkonstruktionen (doppelte Seitenwände) münden und so mit einer Reihe von tiefer angeordneten Seitentanks dem Schiff eine ausreichende Steifigkeit gegen Durchbiegung und besonders auch gegen Torsion (Verwindung) in der Längsachse geben.

Die Breite der Containerschiffe und ihr Freibord – das ist bei abgeladenem (voll beladenem) Schiff die Höhe von der Wasserlinie bis zum obersten durchlaufenden Deck – sowie ihr Schiffsschwerpunkt sind so bemessen, daß das Schiff bei richtiger Beladung immer genügend aufrichtende Kräfte (Schwimmstabilität) besitzt, um nicht in die Gefahr des Kenterns zu geraten, wenn es in schwerem Seegang stark nach einer Seite überholt (sich neigt).

Ein Ballastsystem mit großen Doppelboden- und Ballastseitentanks und ausreichend Pumpen mit hoher Förderleistung sorgt für die Gleichgewichtslage der Schiffe je nach Beladung. Durch Fluten oder Lenzen der an den Seiten gelegenen Ballasttanks – „Gegentrimmen" – läßt sich die seitliche Neigung des Schiffes beeinflussen. Eine Krängungssteueranlage mit Anzeige im Maschinenkontrollraum steuert während des Löschens und Ladens automatisch den Ausgleich durch Umpumpen des Ballastwassers von einem Seitentank in einen entsprechenden Tank auf der anderen Schiffsseite. Nur bei aufrechter

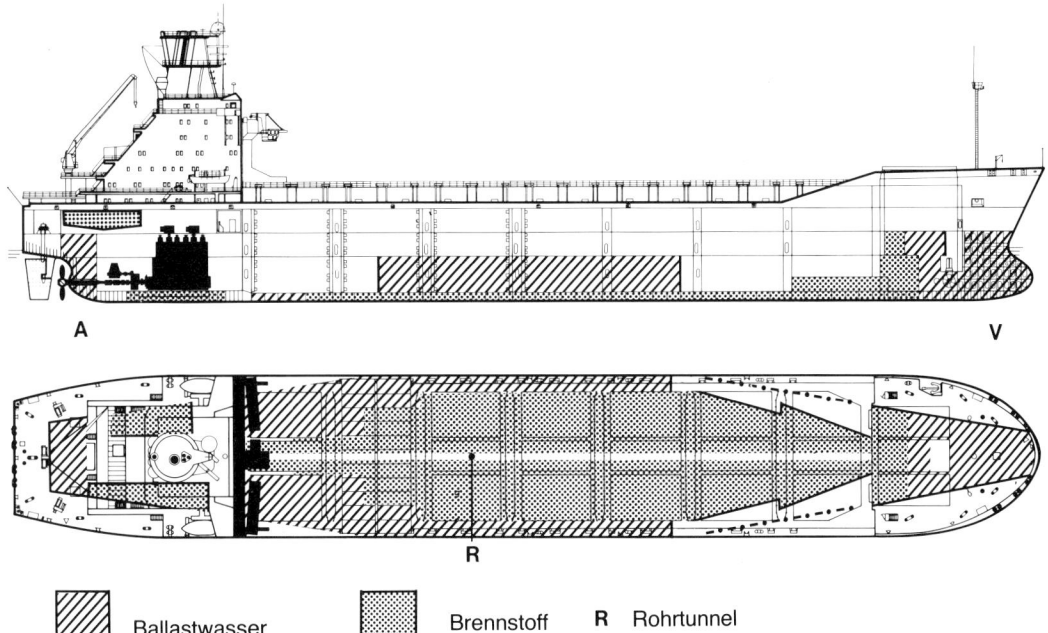

Ballastwasser	Brennstoff	**R** Rohrtunnel

Im Vor- und Achterschiff, auf beiden Schiffsseiten und im Doppelboden befinden sich die Tanks für die Aufnahme von Brennstoff, Ballast- und Frischwasser. Die Ballasttanks sind auch wichtig für die Erhaltung der Schwimmstabilität des Schiffes.

Sie werden – besonders die Vor- und Achterpiek – auch für die Herstellung bestimmter Trimmlagen des Schiffes gebraucht.

V: *Vorpiek –* **A:** *Achterpiek –* **R:** *Rohrtunnel, trennt die Steuerbord- und Backbord-Ballast- und Brennstofftanks.*

Lage des Schiffes können die Container in den Führungsgerüsten auf- und niedergleiten. Durch entsprechende Verteilung von Ladung und Ballast („Trimmen") kann das Schiff vorn und achtern auf den gleichen Tiefgang gebracht werden. Denn auf „ebenem Kiel" hat das Schiff den geringstmöglichen Tiefgang, was bei Fahrt in geringen Wassertiefen vorteilhaft ist; außerdem läuft es dann schneller.

Um eine größere Anzahl wertvoller Containerstellplätze unter Deck zu erhalten, wurden die Lukensülle (erhöhte

Einfassung der Lukenöffnungen) besonders hochgezogen. Dadurch können Container in sieben Lagen übereinander unter Deck gestaut werden.

Ein begehbarer Rohrtunnel zur Aufnahme von Rohrleitungen, der im Notfall als Fluchtweg dienen kann, führt durch den Doppelboden vom Maschinenraumschott bis zum Laderaum 1.

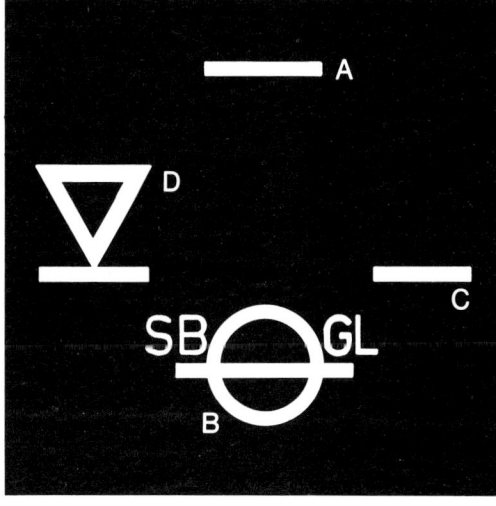

Die Freibordmarke, die an den Bordwänden der Steuerbord- und Backbordseite in Schiffsmitte angebracht ist, gibt an, wie tief das beladene Schiff eintauchen darf. Dieser höchstzulässige Tiefgang ist nach Jahreszeit und Seegebiet verschieden.

Der Freibord wird gemessen von Oberkante Freibord-Decksstrich **A** *bis Oberkante Sommerfreibord im Seewasser* **B**. *Bei den Monte-Schiffen sind das 6,12 m Freibord.* **C** *ist die Freibordmarke für Frischwasser.* **D** *ist die Vermessungsmarke.*

SB *und* **GL** *bedeuten, daß das Schiff die Vorschriften der Seeberufsgenossenschaft und des Germanischen Lloyd erfüllt.*

Der Baukörper eines Containers besteht aus einem stählernen Rahmengerüst mit acht Eckbeschlägen („Corner Castings") zum Anheben und Verriegeln und den Wänden aus Stahl oder Sperrholz sowie Dach und Fußboden. Die meisten 20'-Container besitzen an einer der Stirnseiten zwei Türen, die durch je zwei Stangen-Verriegelungen zu verschließen sind.

Die Container sind so stabil gebaut, daß bis zu neun von ihnen vollbeladen übereinander gestapelt werden können.

Rechts: Viele Container sind mit einer besonderen Einrichtung ausgestattet wie z.B. dieser Isoliercontainer für den Transport von hängenden, auf −1,2° C vorgekühlten Rindervierteln. Die Isolierung von Wänden, Türen, Dach und Boden ist deutlich zu erkennen.

Ein Container mit Kühlladung muß während des Inlandtransportes von einem Kühlaggregat gekühlt werden, das an die Stirnseite des Containers angeschlossen wird. (Huckepack-Kühlgerät = Clip on Unit.)

Container mit Kühlaggregat können auch als Deckscontainer gefahren werden; ihr Aggregat wird dann an eine Steckdose am Lukensüll angeschlossen.

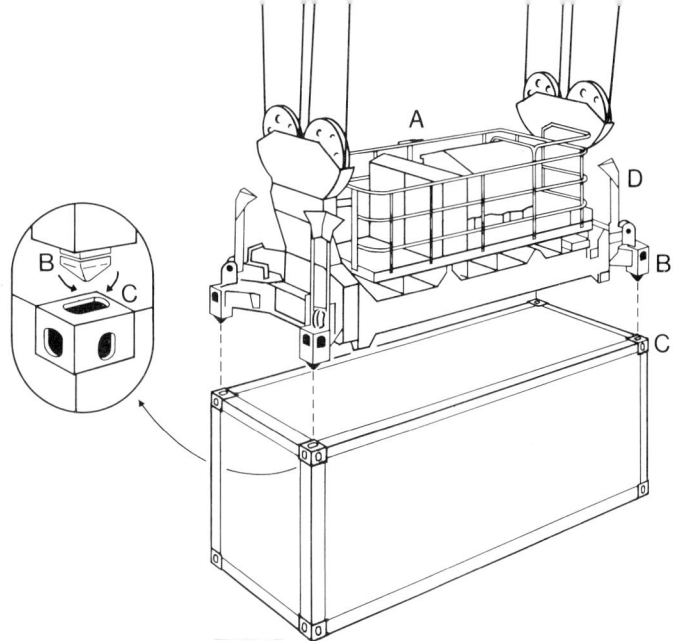

*Das Geheimnis, warum Container wie am Magneten angehoben, transportiert und abgesetzt werden können, sind unten am Heberahmen („Spreader") **A** vier kleine Drehzapfen („Twist Locks") **B**, die in vier Löcher („Corner Castings") **C** oben auf den Container eingreifen und dort ferngesteuert verriegelt werden (siehe Bild) – **D** Flipper.*

Wie die Größen der Container, so sind auch die Maße der Heberahmen, der Drehzapfen usw. international genormt. Container können also in jedem darauf eingerichteten Hafen der Welt umgeschlagen werden.

Ein Container ist ein genormter Ladungsbehälter,

in dem Güter geschützt aufbewahrt, gelagert und transportiert werden können, eine international genormte Transportkiste, die raumsparend über Straße und Schiene und über See befördert, im Freien gelagert und viele Male verwendet werden kann.

Die Ladung im Container kann, ohne daß sie unterwegs „angefaßt" werden muß, direkt vom Versender zum Empfänger befördert werden. Das bedeutet Schonung, Zeitgewinn, Vermeidung von Verlust und Diebstahl. Arbeitsersparnis und deshalb Kostenersparnis.

Die Abmessungen der Container sind von der International Organization for Standardization (ISO) festgelegt worden und zwar in Fuß und Metern. Der längste Container von 40′ ist 12,19 m lang, der gebräuchlichste ist 20′ oder 6,058 m lang, Zwischengrößen haben 10′ und 30′, die meisten aber gleichmäßig eine Breite von 8′ und eine Höhe von 8′ oder 8′6″. Der 20′-Container ist außerdem Basis-Einheit mit der Bezeichnung „TEU" – Twentyfoot Equivalent Unit.

Ein 20′-Container kann mit etwa 20 t, ein 40′-Container mit bis zu 30 t beladen werden (siehe Seite 70/71).

Gläserne Container gibt es nicht, *aber auf diesem Trickfoto kann man ungefähr sehen, wie in einem 20-Fuß-Container eine Stückgutladung gestaut ist.*

Foto: CONTRANS

Die gebräuchlichsten Container-Typen

Am meisten verwendet werden 20-Fuß-Container.

Genormte Größen:

20 Fuß lang	8 Fuß breit	8 Fuß 6 Zoll hoch
6058 mm	2438 mm	2591 mm

20′-Ganzstahl-Container

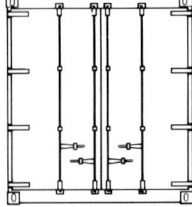 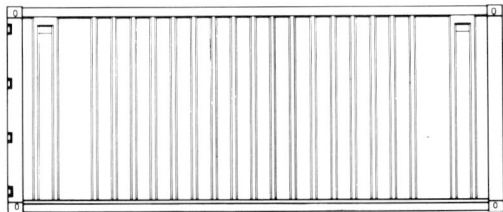

Max. Bruttogewicht:
20 320 kg
Eigengewicht: 2300 kg
Nutzlast: 18 020 kg
Rauminhalt: 32,8 m³
Für Trockenladung
(Kartons, Kisten, Fässer,
Säcke, Stückgut).

20′-Stahlrahmen-Sperrholz-(„Plywood")-Container

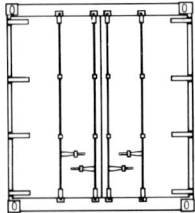 

Max. Bruttogewicht:
20 320 kg
Eigengewicht: 2100 kg
Nutzlast: 18 220 kg
Rauminhalt: 33,9 m³
Für Trockenladung
(wie oben)

Offener 20′-Stahl-Container
(„All Steel Open Top Container")

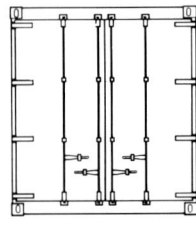 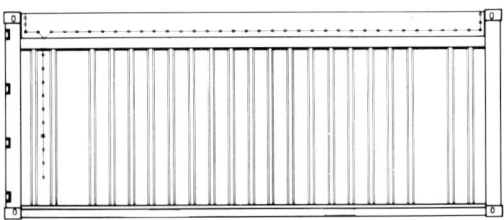

Max. Bruttogewicht:
20 320 kg
Eigengewicht: 2300 kg
Nutzlast: 18 020 kg
Rauminhalt: 31,0 m³
Ohne Dach. Für Glas,
Maschinen usw., die von
oben hineingeladen wer-
den. Kann dann mit einer
Persenning abgedeckt
werden.

20′-Plattform-Container („Flat-Rack")

 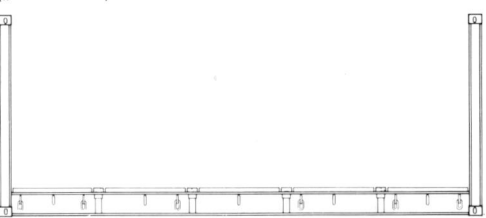

Max. Bruttogewicht:
20 320 kg
Eigengewicht: 2300 kg
Nutzlast: 18 020 kg
Für Maschinen, über-
breite und sperrige
Ladung usw.

20′-Isolier-Container

 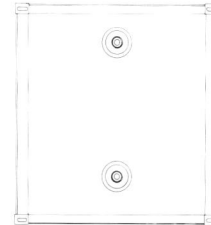

Max. Bruttogewicht:
20 320 kg
Eigengewicht: 2300 kg
Nutzlast: 18 020 kg
Rauminhalt: 26,7 m³
Für Kühl- und Gefrierla-
dung ohne eigenes Kühl-
aggregat. Auf der Stirn-
seite (gegenüber den Tü-
ren) Öffnungen für die
Kühlanschlüsse im
Schiff .

20′-Schüttgut-Container

Ladeöffnungen

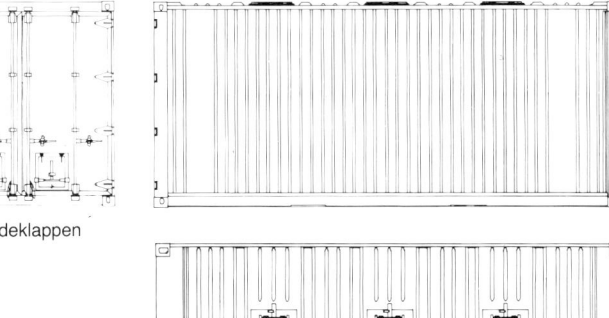

Entladeklappen

Ladeöffnungen
auf dem Dach

Max. Bruttogewicht:
24 000 kg
Eigengewicht: 2350 kg
Nutzlast: 21 650 kg
Rauminhalt: 32,0 m³
Für Schüttgut wie Getrei-
de, Erz, Kohle, Minera-
lien usw. Wird von oben
durch Ladeluken bela-
den. An den Türen zwei
Klappen für das Ent-
laden.

40′-Ganzstahl-Container

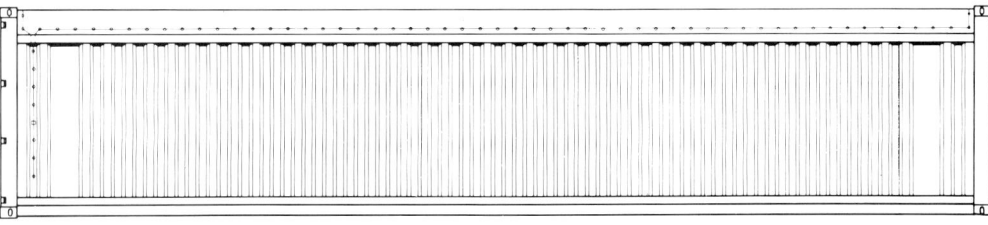

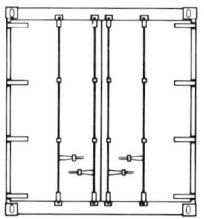

Max. Bruttogewicht:
30 480 kg
Eigengewicht: 3420 kg
Nutzlast: 27 060 kg
Rauminhalt: 67,0 m³
Länge: 40 Fuß = 12,12 m
Breite und Höhe wie 20′-
Container. Für Stückgut
mit geringem Gewicht.

Zeichnungen:

THYSSEN UMFORMTECHNIK

Außerdem gibt es: Isoliercontainer für Kühlladungen mit verschiedenen Temperatu-
ren – Ventilierte Container für Rohkaffee und andere zu belüftende Güter – Flats =
Plattformen für überlange, -breite, -schwere Ladung, z. B. Transformatoren, Fabrik-
teile usw., für die andere Container nicht ausreichen – Open Side-Container, deren
eine Seite offen ist – Tank-Container für den Transport von flüssigen, pulver- oder
gasförmigen Gütern, wie Süßöle, Chemikalien, Freon-Gas, verflüssigte Gase bei
normalem Druck und andere Container-Typen mehr.

Auf dem Terminal: *Die auf dem Terminal im Freien gestapelten Container sind teilweise bereits beladen und übernahmebereit für ein bestimmtes Containerschiff – oder es sind leere Container, die für eine spätere Beladung bereitgehalten werden. Auch hier wird jeder Container nach der Benutzung gereinigt und auf eventuelle Schäden hin geprüft und instandgesetzt.*

Wo bekommt der Verlader einen Container her?

Container sieht man nicht nur an Bord oder im Hafen. Man begegnet ihnen unterwegs auf Lkws, auf dem Tragwagen der Bundesbahn oder dem Binnenschiff. Sie sind aber auch weit entfernt von der Küste – auch in Übersee – auf Depots zu finden, die von Container-Vermietern oder Transportfirmen betrieben werden.

Der entscheidende Vorteil des genormten Containers ist es, daß er mit der Exportladung vom Absender bis zum Empfänger in Übersee transportiert werden kann, ohne daß seine Türen geöffnet werden. Alle Transportmittel sind auf die Abmessungen und das Gewicht der Container eingestellt; diese sind so genormt, daß sie überall Brücken und Tunnel passieren können.

Aber nicht nur der Empfänger hat den Vorteil des billigeren Transportes. Wenn der Container vom Empfänger leergemacht und gereinigt worden ist, wird er in Depots

abgestellt, bis er wieder von einem Exporteur oder Verlader für eine Überseeverladung benötigt wird. Der Spediteur vermittelt vom nächsten Depot einen Container und sorgt für die Abwicklung der anschließenden Transporte und Formalitäten. Wenn der Container dann beim Exporteur beladen worden ist, tritt er seinen Weg auf Lkw, Tragwagen der Bahn oder mit Binnenschiff zum Seehafen an. Dort wird er im Terminal registriert und abgestellt, bis er vom vorgesehenen Schiff übernommen wird.

Container-Depots im Binnenland erkennt man manchmal an den haushohen Stapeln von Containern in der Nähe von Industriezentren oder am Rande großer Städte. Diese Container sind leer und warten auf ihren Einsatz. Inlandsdepots gibt es in Duisburg, Düsseldorf, Frankfurt, Hannover, Köln, Ludwigsburg, Mannheim, Mainz, München, Nürnberg, Regensburg und Stuttgart.

Die beiden Schuppenhälften von der Import- zur Exportseite auf einem Bild. Der Fußboden besteht aus Gummiasphalt („Latexfalt") und ist besonders widerstandsfähig gegen die Belastungen durch die verschiedenen Arten von Kaufmannsgütern und Flurfahrzeugen. Das Blechdach läßt durch Oberlichtöffnungen und Lüftungsschächte viel Helligkeit herein. – Im Exportteil des Schuppens (vorn) liegen die Güter nach Art und Bestimmungshafen in Übersee geordnet bereit, im Importteil (hinten) sind sie nach Ladungsart und Empfänger gestaut.

Übersichtlich geordnet liegen die Güter
im Aus- und Einfuhrschuppen

Der 20 000 qm große Packschuppen ist in zwei gleichgroße Hälften für die Einfuhr- und die Ausfuhrgüter geteilt.

Im Einfuhr-Schuppen werden bestimmte Plätze freigehalten, auf denen die Fahrer der Gabelstapler die mit dem Schiff in Containern angekommenen und auf der Packstation ausgepackten Güter übersichtlich nach Markierung und Nummer geordnet abstellen und stapeln. Anschließend können die Empfänger der Ladung oder ihre Beauftragten („Quartiersleute", Ladungskontrolleure) gegen Vorlage der Ladungspapiere bzw. eines Probenscheins die für sie bestimmten Güter besichtigen, „Proben ziehen" oder sie gleich abholen.

Im Ausfuhrschuppen werden die als Stückgut angelieferten Exportgüter auf breiter Fläche gestapelt. Viele Ablader (Absender) verschiffen nämlich nicht nur volle Container, die sie selbst gepackt haben, sondern auch kleine Partien, die nicht einen ganzen Container füllen. Diese Stückgüter, die vom Ablader einzeln oder partieweise durch Lkw, mit der Bahn oder mit Binnenschiff am Schuppen angeliefert werden, werden nach Warenart, Bestimmungshafen, Markierung und Nummer sowie nach internationalen Verladevorschriften (z. B. IMDG-Code = International Maritime Dangerous Goods) sortiert und im Packschuppen eingelagert. Rechtzeitig vor Abfahrt eines Schiffes beginnt man, diese Ladung in Container zu stauen (LCL-Cargo = Less than full Container Load).

Im Ausfuhrschuppen ist eine Ladung zusammengestellt, die draußen auf der Packstation in Container gestapelt werden soll. Die einzelnen Partien stehen schon auf Paletten bereit.

Im Schuppen und an der Packstation

Beim Packen der Container für Übersee werden die Stückgüter im Packschuppen vom Gabelstaplerfahrer anhand der „Jobliste" (Arbeitsliste) herausgesucht, samt ihrer Palette auf die Gabel genommen und vor die offene Containertür gefahren. Das Stauen der Ladung im Container besorgen erfahrene Kaiarbeiter (Stauer).

Die mit Stückgut fertig gepackten Container verbleiben wie die bereits gepackt angelieferten Container bis zur Verladung auf dem Terminal. Sie sind für jede Schiffsluke in der Reihenfolge ihrer Bestimmungshäfen geordnet, so daß die für den nächsten Hafen bestimmten Container zuoberst gestaut werden können. Damit wird später das Ausladen beschleunigt und ein zeitraubendes Umladen vermieden.

Das Beladen eines Containers ist eine Wissenschaft. Der Stauer weiß, daß die schweren Stücke unten, die leichten oben liegen müssen, daß Fässer aufrecht stehen müssen und nicht aufeinander liegen dürfen, daß Kaffee nicht mit Heringen zusammenpaßt, daß Säcke so gestapelt werden müssen, daß sie nicht verrutschen, daß Pappkartons keine schwere Überlast vertragen und tausend Dinge mehr, die für einen schadensfreien Transport entscheidend sein können.

Ein Container wird beladen. Ein Gabelstapler bringt die Stücke auf Paletten aus dem Schuppen zur Packstation und stapelt sie vorsichtig im Container. Anschließend werden sie von Stauern mit Stauhölzern, manchmal mit Luftstaupolstern festgesetzt.

Zum Entladen fährt der Gabelstapler in den Container hinein. Drinnen haben Stauer die Kisten schon auf Paletten gesetzt, so daß der Fahrer sie mit der Gabel des Gabelstapler mühelos anheben kann.

75

Arbeiten im Schuppen

Oben: Zwei Schuppenarbeiter beim Markieren einer Einfuhrladung. Markierung ist zur Kennzeichnung der einzelnen Stücke einer Ladungspartie notwendig.

Links: Ein Stauerviz prüft an der Ladestation, ob Ladung und Papiere übereinstimmen.

Rechts oben: Ein „Ganger" (Stauer aus einem „Gang" von Hafenarbeitern) kontrolliert Marke und Nummern einer Einfuhrladung aus Brasilien, bevor sie ausgeliefert werden kann.

Rechts unten: An der Wiegestation im Ausfuhrschuppen werden alle verpackten Güter gewogen, ehe sie zum Weitertransport im Container verladen werden.

3/3
VK KASSEL
451-97
VIA HAMBURG
W.GERMANY
MADE
IN
BRAZIL
Ex MF.
ROSA
Pos 120
16.5.83

14
AUSLIEF
ANMELDUNG
HIER

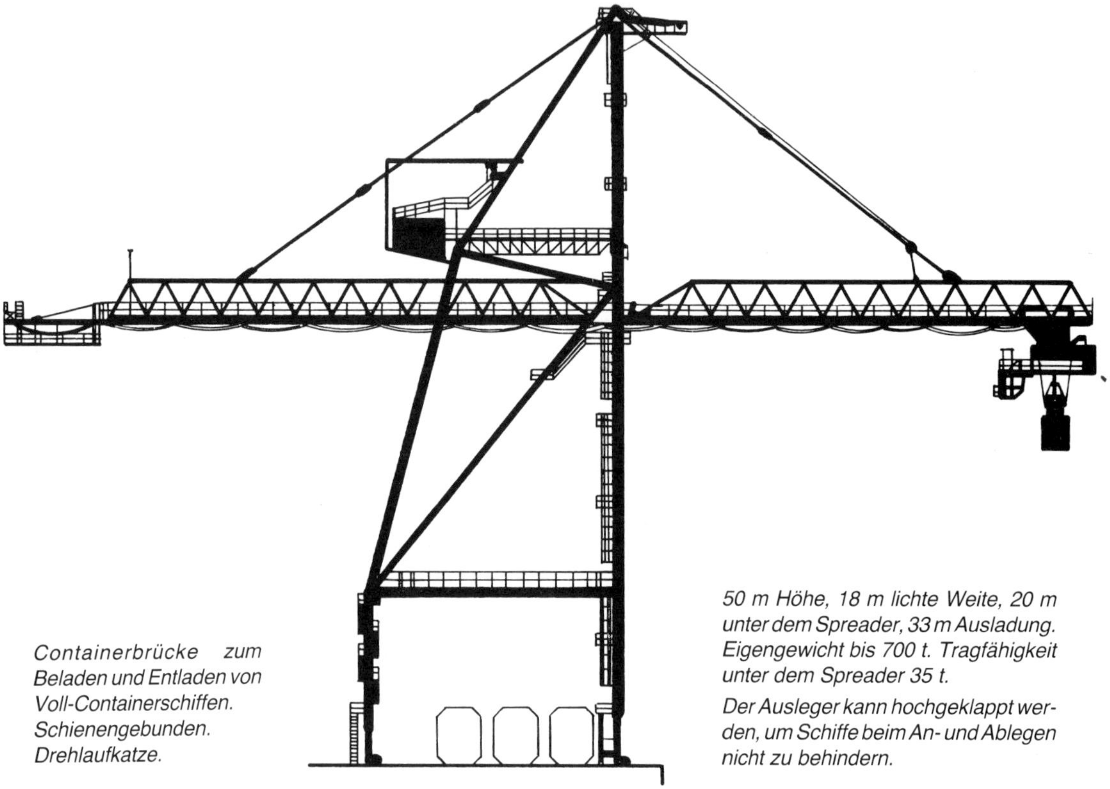

Container-Brücke zum Beladen und Entladen von Voll-Containerschiffen. Schienengebunden. Drehlaufkatze.

50 m Höhe, 18 m lichte Weite, 20 m unter dem Spreader, 33 m Ausladung. Eigengewicht bis 700 t. Tragfähigkeit unter dem Spreader 35 t.

Der Ausleger kann hochgeklappt werden, um Schiffe beim An- und Ablegen nicht zu behindern.

Containerkrane und Flurfördergeräte auf dem Terminal

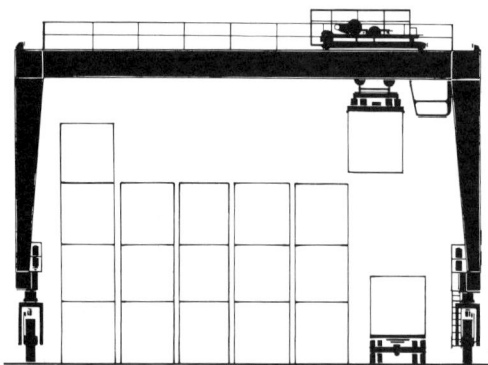

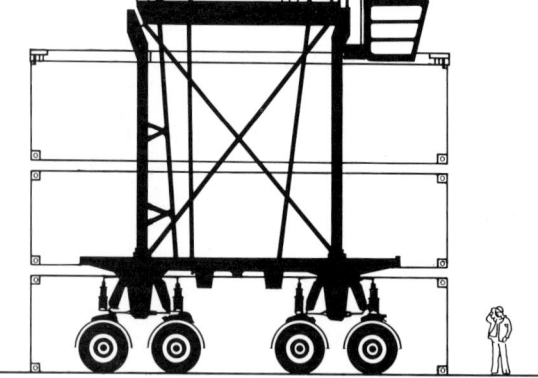

Container-Portalstapler („Straddle Carrier") für den Zwischentransport von Containern bis 40' Länge und 35,5 t Gewicht, zum Ent- und Beladen von Lkw und Container-Tragwagen der Bundesbahn. Fahren über ein oder zwei Container hinweg, greifen sie und stapeln sie zwei- bis dreifach. Hubhöhe 10,5 m. Acht Räder, Allradlenkung, hydrodynamischer Antrieb.

Container-Stapelkran zum Stapeln und Sortieren von Containern aller Größen bis 40' Länge und 35,5 t Gewicht mit Teleskopspreader, zum Beladen von Trailern, Lkw und Container-Tragwagen der Bundesbahn. Gummibereift, läuft in einer Leitbahn. Allradlenkung, elektronische Steuerung, Diesel-elektrischer Antrieb. Große Räder. Kranlaufkatzen selbstfahrend oder seilgezogen. Verschiedene Größen bis 24,0 m lichte Weite und 13,5 m Höhe für fünffache Stapelung. – Oder Schienenfahrbahn mit rein elektrischem Antrieb.

Rechts: Zwei Containerbrücken sind vorgefahren, um an einem Monte-Schiff zu arbeiten. Die Ausleger sind noch hochgeklappt, da das Schiff gerade angelegt hat.

Unten: Container-Stapelkran für fünffache Stapelung. Spurweite 23 m = 6 Container und Lkw-Spur.

Bordrechner übernehmen die Steuerung beim Ein-, Um- und Auslagern der Container. Vollautomatischer, halbautomatischer oder manueller Betrieb sind möglich. Die luftbereiften Räder können nach jeder Seite um 95° gedreht werden, um den Stapelkran auch zu anderen Container-Stapelreihen verfahren zu können.

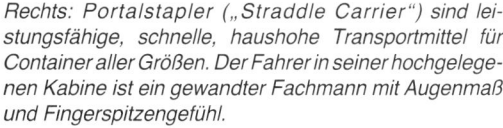

Rechts: Portalstapler („Straddle Carrier") sind leistungsfähige, schnelle, haushohe Transportmittel für Container aller Größen. Der Fahrer in seiner hochgelegenen Kabine ist ein gewandter Fachmann mit Augenmaß und Fingerspitzengefühl.

Transportfahrzeuge für Container

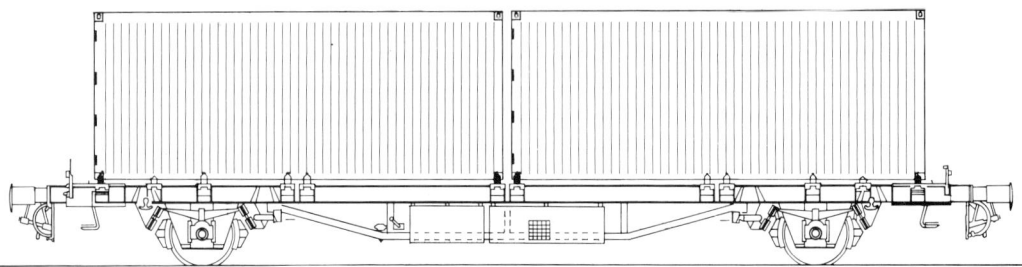

Container-Tragwagen der Deutschen Bundesbahn. Zweiachsiger Spezialwagen, Ladelänge 12,30 m, für Container zwischen 10 und 40 Fuß Länge. Die Container werden durch verschiebbare Drehzapfen, die nach unten versenkt werden können, auf der Ladefläche verriegelt. – Die Deutsche Bundesbahn verfügt auch über vierachsige Container-Tragwagen mit einer Ladelänge von 14,60 m und 18,40 m.

Lkw mit Container-Plattform. Ein Gabelstapler (im Hintergrund) führt gerade seine Gabel in die „Gabeltaschen" unten am Container, um ihn abzuheben und weiter zu transportieren.

Lkw-Zugmaschine mit Container-Plattform-Chassis (Auflieger) für den Überlandtransport von Containern

Transportfahrzeuge für Container

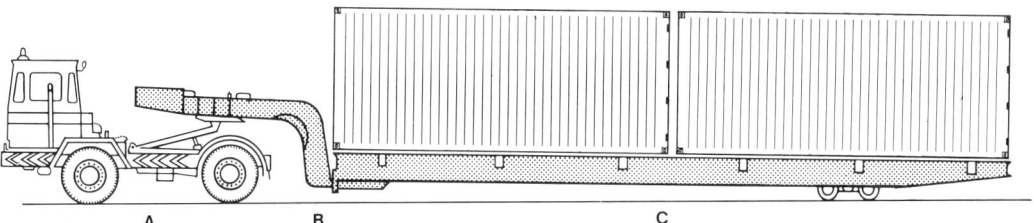

A B C

*Die praktischen niedrigen Roll-Trailer, System MAFI, können zwei 20'- oder einen 40'-Container tragen. Sie sind nur für die Arbeit auf dem Terminal, aber nicht im Straßenverkehr zugelassen. Ein MAFI besteht aus Zugmaschine **A**, „Schwanenhals" (Verbindungsstück) **B** und Trailer **C**.*

Oben: Die Zunge des Schwanenhalses fährt in eine Tasche im Trailer ein, wird angehoben und dabei mit dem Trailer verbunden, der nur hinten vier Vollgummiräder besitzt.

Unten: Seine große Wendigkeit macht den MAFI im Kaibetrieb unentbehrlich.

Große und kleine Stapelgeräte

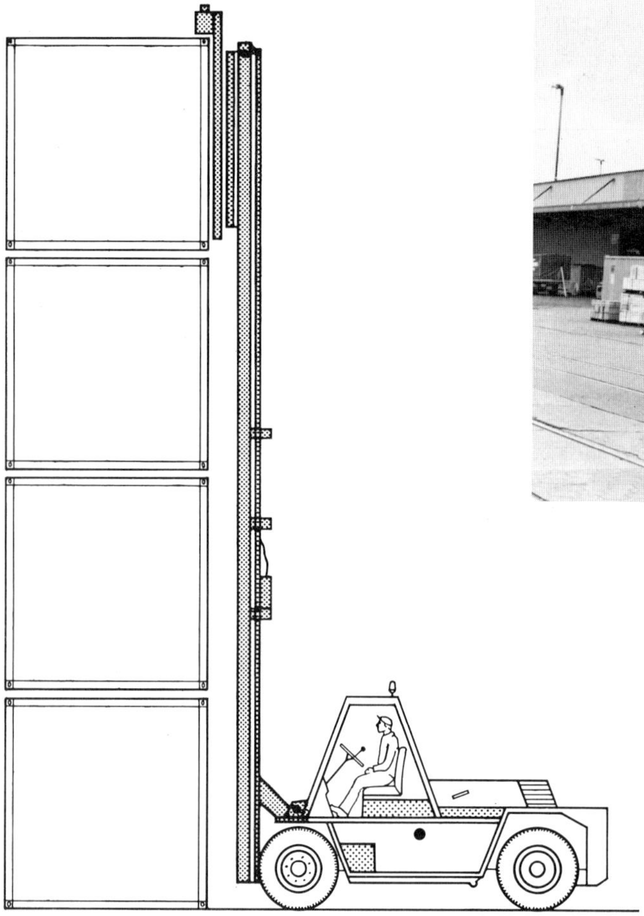

Hochstapler
vierrädrig, luftbereift
6 m lang
Hubhöhe ausgefahren 8,40 m
Tragfähigkeit 37,0 t
Gegengewicht im Wagenkasten 15 t
Antrieb Diesel-hydraulisch
Großstapler zum Sortieren und Sta-
peln von beladenen und leeren Con-
tainern aller Größen. Mit vertikalem,
hydraulisch ausziehbarem Teleskop-
Spreader für 20- und 40-Fuß-Con-
tainer.
Kann vierfach stapeln

Gabelstapler (E 30 Linde) mit Elektromotor
2,45 m lang, vierrädrig, vollgummibereift.
Hubhöhe ausgefahren 2,75 m
Tragfähigkeit 3 t
Länge der Gabelzinken 1 m
Neigung des Hubgerüstes vor und zurück je 5°
Gegengewicht im Wagenkasten 3 t
Läßt sich auf der Stelle wenden.

Der Gabelstapler – die „Ameise" des Hafenbetriebs –
transportiert Kaufmannsgüter im Schuppenbereich und
am Vorkai. Er wird zum Ent- und Beladen von Lkw, Wag-
gons und Containern eingesetzt.

Nach dem Laden der Kühlcontainer werden die Luken geschlossen. Der Containerkran hebt den 20 t schweren Lukendeckel vom Kai und setzt ihn auf die volle Luke. Das Laden der Deckscontainer kann danach beginnen.

Ein Containerschiff wird beladen

Am Schuppen 80 im Hamburger Hafen hat der Bordkran bereits in der Nacht die Decksladung und die für den Terminal bestimmten Container aus einigen Laderäumen am Kai abgesetzt. MAFI-Rolltrailer, Portal- und Hochstapler haben sie abgefahren. Das Laden kann beginnen.

Vor Schichtbeginn wird mit lauten Warnsignalen eine haushohe Containerbrücke auf Gleisen neben das Containerschiff in Position gefahren. Der Brückenführer (Kranführer) in seiner Kabine steuert den Hoberahmen („Spreader") unter dem Ausleger genau über die Luke, die er laut Ladeplan zuerst beladen soll. Er senkt den Spreader auf den Lukendeckel und verriegelt beide miteinander, hebt den Deckel an und öffnet damit die Luke. Dann setzt er den 20 t schweren Deckel auf einer Nebenluke oder am Kai ab.

Unter der Brücke an Land steht der erste Container, der geladen werden soll, auf einem MAFI-Rolltrailer, einem flachen Transportfahrzeug, bereit. Der Spreader unter der Containerbrücke wird bis dicht über den Container gefiert, die Flipper an den vier Ecken des Spreaders drehen sich nach unten und führen den Spreader in die richtige Lage über dem Container.

Vorsichtig fiert der Kranführer den Spreader auf den Container, bis die spitzen Drehzapfen („Twist Locks") des Spreaders genau in die Fanglöcher der genormten Eckbeschläge („Corner Castings") einrasten. Sie werden vom Brückenführer hydraulisch um 90° gedreht und verriegeln dadurch Spreader und Container fest miteinander.

Fortsetzung auf Seite 85

83

Von den vier Drehzapfen des Heberahmens („Sprea-der") sicher gehalten, sinkt der Container auf das Deck. Die Flipper an den vier Ecken des Spreaders werden gleich gelif-tet. Der Kranführer kann in sei-ner Kabine (oben rechts) den Vorgang genau beobachten.

Die Einweiserköpfe oben auf den Führungsschienen führen den Contai-ner in die Gleitschienen, bis er an sei-nem vorbestimmten Platz im Zellen-gerüst („Cell Guide") abgesetzt wird.

Ein Container wird an Bord genommen

Zwei Stauer drücken ihn, während er noch am Spreader hängt, auf die Sockel und riegeln ihn anschließend auf dem Lukendeckel fest.

Das Kennzeichen des Containers auf dem Dach und oben auf der Türseite ist gut zu erkennen.

Fortsetzung von Seite 83

Jetzt beginnen die Winden im Maschinenhaus der Containerbrücke zu arbeiten. Die Seile spannen sich, der Container schwebt am Spreader in die Höhe, fährt unter dem Ausleger zum Schiff, senkt sich dort über die Luke und wird vorsichtig zwischen die Einweiserköpfe oben auf den Führungsschienen („Cell Guides") gefiert. In den Führungsschienen gleitet der Container wie in einem Fahrstuhl abwärts auf die Tankdecke des Laderaumes bzw. auf bereits in diesem Zellengerüst stehende Container. Die Drehzapfen am Spreader werden entriegelt und geben den Container frei.

Der Spreader wird in den Führungsschienen nach oben gehievt und zum nächsten Container geführt, der geladen werden soll. Dies alles bewirkt der Kranführer durch Betätigung der Tastatur auf dem Steuerpult im Fahrstand. So wird ein Container nach dem anderen unter der Containerbrücke vorgefahren und an Bord gebracht, minutenschnell. Im Containerverkehr läuft alles nach dem Takt der Containerbrücke.

Je ein Lukenviz an Bord und an Land helfen dem Brückenführer durch Sprechfunk oder Handzeichen bei der sicheren Führung von Spreader und

Fortsetzung auf Seite 86

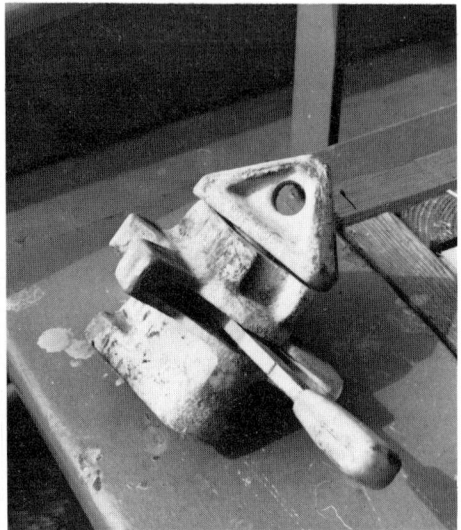

Wie die Container an Deck gesichert werden

Links: Sockel mit Aussparungen für Drehzapfen („Twist Locks"), die in die Löcher der unteren Eckbeschläge des Containers eingreifen und ihn verriegeln. Davor: „Zurraugen" für die Sicherung des Containers mit Zurrstangen und Spannschrauben.

Rechts: Drehzapfen an dem Verbindungsstück, mit dem die Containerecken auf den Sockeln festgesetzt und durch Drehen des Hebels um 90° verriegelt werden.

Für die Fahrt nach Übersee werden auch die Container der dritten Deckslage auf dem Lukendeckel festgezurrt.

Fortsetzung von Seite 85

Container. Sie können Abstand und Richtung des Spreaders besser beurteilen als der Brückenführer aus seinem hohen Fahrstand. Die Hilfe des Lukenvizes ist deshalb bei Dunkelheit und schlechtem Wetter besonders wichtig.

Bei Containern mit Kühlladung achtet der Lukenviz außerdem darauf, daß die Kühlluftventile an der Stirnseite eines zu ladenden Containers geöffnet sind und zu den Schiffsanschlüssen zeigen. Das Ankuppeln der Kühlanschlüsse im Schiff besorgt die Besatzung nach dem Laden.

Wenn eine Luke fertig beladen ist, wird der Lukendeckel vom Kranführer aufgenommen und auf die Luke gelegt. Später wird der Lukendeckel von der Decksmannschaft für die Seereise mit Verriegelungsbolzen festgelascht. Wenn die Luke geschlossen ist, können auf dem Lukendeckel weitere Container bis zu vier Lagen hoch gestapelt werden.

In überseeischen Häfen, die keine Containerbrücke besitzen, arbeitet das Containerschiff mit dem bordeigenen Kran. Die Vorgänge beim Laden und Löschen sind dort die gleichen wie hier beschrieben.

Sollten auch auf den Luken Container mit Kühlladung befördert werden, so wurde ihnen bereits vor der Beladung ein elektrisches „Huckepack-Kühlgerät" („Clip-on-Unit") angehängt, das an eine Steckdose an Deck angeschlossen wird (Seite 68).

Die Container, die auf den Lukendeckeln stehen, werden an allen vier Ecken mit Staustücken („Twist Locks") entweder mit dem Lukendeckel oder den unter ihnen stehenden Containern verriegelt. Außerdem wird ein Teil der an Deck gestauten Container mit Zurrstangen und Spannschrauben so gelascht, daß ein Kippen während der Seereise bei Seegang ausgeschlossen ist.

Das Löschen und Laden geschieht nicht nur bei Tage, sondern auch bei Decksstrahlerlicht die gan-

*Links: Ein Lascher beim Verzurren. Mit dem Schraub-
haken hat er die Spannschraube gespannt – Rechts:
„Kreuzlasching", mit der die zweite Lage mit Zurrstangen
A, Haken **B** und Spannschrauben **C** verzurrt wird. Oben*

*greifen Haken in die Löcher **D** der unteren Eckbeschläge,
unten sind die Klauen der Spannschraube mit Bolzen an
den Zurraugen **E** befestigt – **F**: Sockel.*

ze Nacht hindurch. Denn wenn ein Schiff nur am
Tage laden oder löschen würde, wäre es für alle
Beteiligten unwirtschaftlich. Deshalb wird ein Schiff
nicht nur bei Tag und Nacht, sondern auch an
Sonn- und Feiertagen bearbeitet.

Der Ladungsoffizier überwacht den gesamten
Vorgang des Ladens. Er hat bereits bei Ankunft
des Schiffes vom Agenten einen Plan für die Reihenfolge beim Laden („Sequence Sheet") des
Schiffes erhalten. Dieser Plan ist vom „Ships
Planner" ausgearbeitet worden. Dieser sitzt im
Reedereikontor und sammelt alle Informationen
über zu ladende Container. Nach diesen Informationen erarbeitet die Stauerei die Reihenfolge
der Container bei der Beladung, damit das Schiff
möglichst schnell beladen und auch schnell im
Löschhafen wieder gelöscht werden kann.

Der Ships Planner achtet auch darauf, daß speziel-
le Ladungen, wie gefährliche und schwere Güter
oder auch Kühlladung, im Schiff an den richtigen

Platz kommen, so daß während der Reise kein
Schaden entstehen kann.

Nach Beendigung der Beladung erhält der Ladungsoffizier von der Stauerei alle nötigen Papiere bzw. Angaben wie:

den Stauplan („Bay Plan"), in dem der Platz jedes
Containers und seine Identität angegeben ist; die
Namen ihrer Löschhäfen; die Identität jedes Containers: Nummer, Gewicht, Isolier-Container oder
Trocken-Container, mit Kühlladung beladen, mit
gefährlicher Ladung oder allgemeinem Stückgut.
Außerdem enthält er nähere Angaben über gefährliche Ladung, die Kühlanweisungen und die Berechnungen des Gewichtsschwerpunktes der Ladung.

Viele dieser Angaben werden von Computern errechnet und in Listen gedruckt.

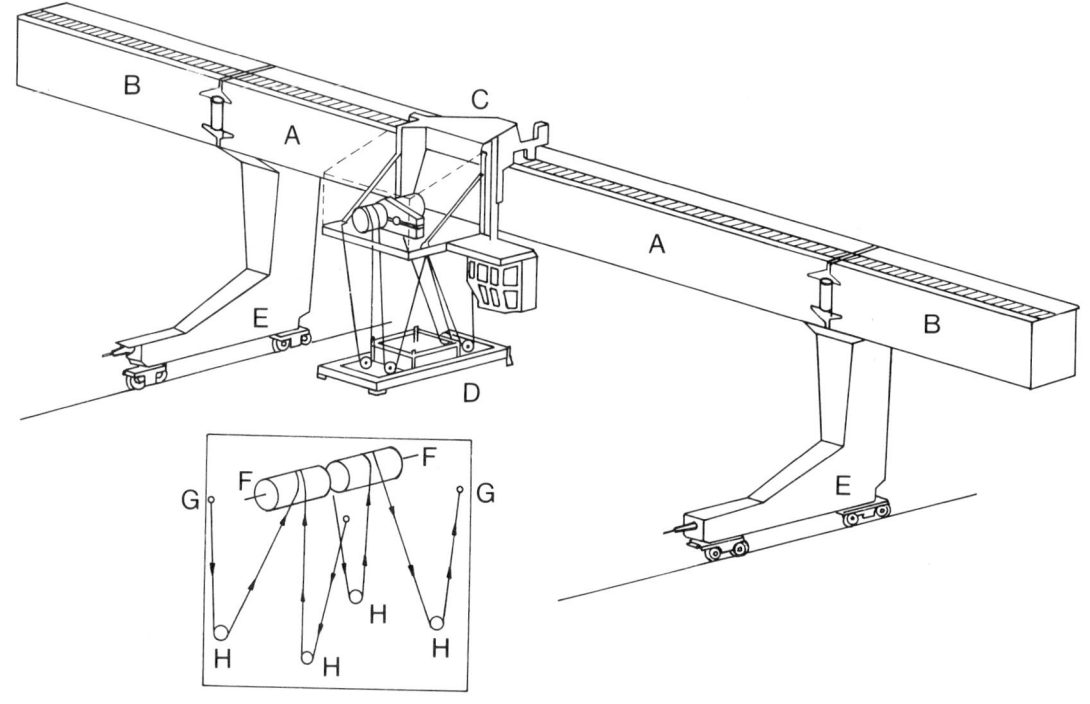

Die *Monte Rosa* hat einen schiffseigenen
fahrbaren Portalkran (Gantry-Kran),

auf Schienen über die Schiffsluken verfahrbar, für den Umschlag von 20-Fuß-Containern, mit einem maximalen Gewicht von 20,3 t. Die Ausleger sind für das Laden und Löschen herausklappbar. Ihre Ausladung über die Bordwand beträgt 6 m. Mit Ladung hat der Kran eine max. Fahrgeschwindigkeit von 37 m/min. Maximale Hievgeschwindigkeit bei Beladung 27,5 m/min. Das Querlaufwerk befördert 20-Fuß-Container mit einer Geschwindigkeit von ca. 67 m/min quer über das Schiff. – Gesamtgewicht ca. 260 t.

ALLIANCE MACHINE COMPANY, Alliance, USA

Oben: Gantry-Kran
der *Monte Rosa*
(Schemazeichnung)

A: *Hauptquerträger –* **B:** *Ausklappbare Trägerverlängerung bis 6 m über die Bordwand –* **C:** *Fahrbare Hubwerkskatze mit Fahrerkabine –* **D:** *Spreader (Container-Heberahmen) –* **E:** *Fahrwerke –* **F:** *Seiltrommeln –* **G:** *Seilfestpunkte –* **H:** *Seilrollen des Spreaders.*

Links: Der bordeigene Gantry-Kran nimmt über den ausgefahrenen Ausleger Container an Deck. Am Kai stehen weitere zur Beladung bereit.

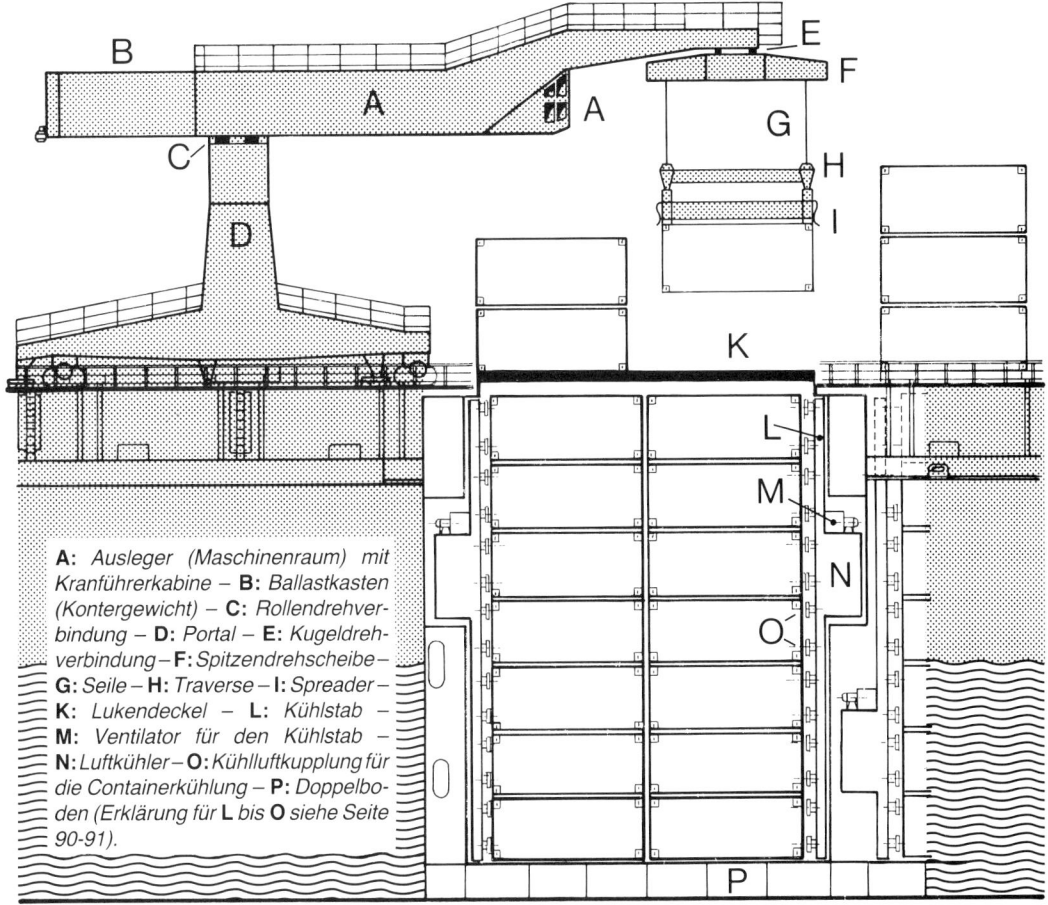

A: *Ausleger (Maschinenraum) mit Kranführerkabine* – B: *Ballastkasten (Kontergewicht)* – C: *Rollendrehverbindung* – D: *Portal* – E: *Kugeldrehverbindung* – F: *Spitzendrehscheibe* – G: *Seile* – H: *Traverse* – I: *Spreader* – K: *Lukendeckel* – L: *Kühlstab* – M: *Ventilator für den Kühlstab* – N: *Luftkühler* – O: *Kühlluftkupplung für die Containerkühlung* – P: *Doppelboden (Erklärung für L bis O siehe Seite 90-91).*

Die *Monte Cervantes* besitzt einen elektrisch betriebenen Container-Kran für 20-Fuß- und 40-Fuß-Container

Der Kran hat einen Fahrantrieb über acht Räder und einen Fahrweg von 100 m. Lichte Portalweite 23,5 m – Spurweite von Schiene zu Schiene 25,6 m – Reichweite 6 m über Bordwand – Maximale Auslegerhöhe 13,8 m über Schiene – Maximale Ausladung 20,0 m – Gesamte Hubhöhe 30 m – Gesamtgewicht 263 t.

Der Kranausleger ist über 360° drehbar. Er braucht für einen vollen Drehkreis 50 sec – Tragfähigkeit am Spreader 25 t – Fahrgeschwindigkeit bis 25 m/min.

Wenn der Kran dreht, wird die Spitzendrehscheibe und damit der Spreader automatisch parallel zur Schiffslängsachse geführt, so daß ein Container seine Richtung parallel zum Schiff beibehält, wenn er am Kai abgesetzt wird – oder umgekehrt. Das kann der Kranführer nach Bedarf auch individuell steuern.

Orenstein & Koppel

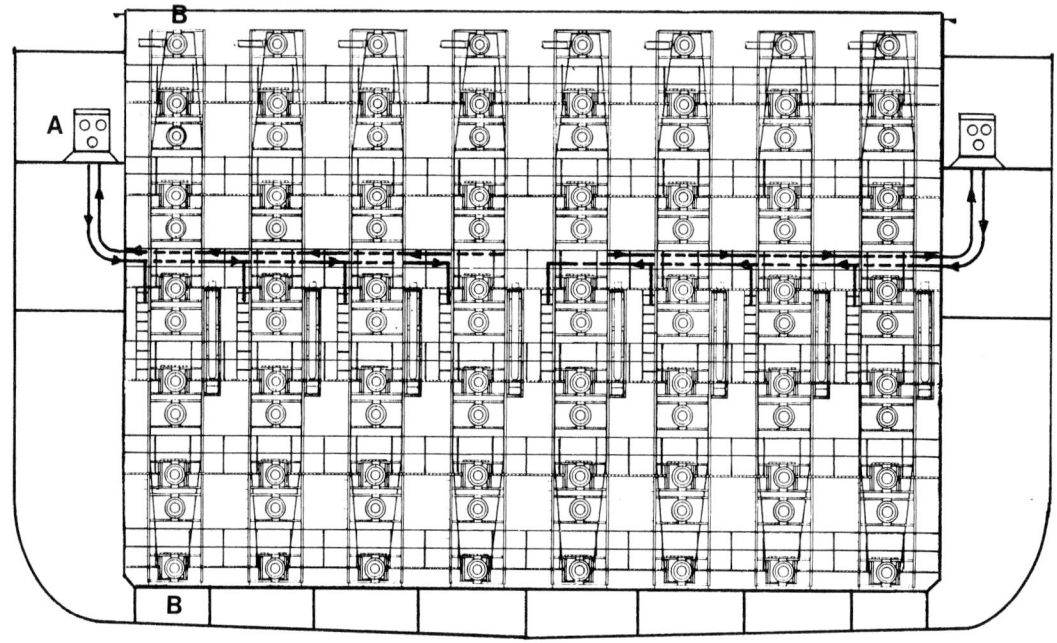

Querschnitt durch ein Container-Kühlschiff

Kühlmaschinen **A** *beiderseits der Laderäume bringen ein Kältemittel (Frigen) mit hohem Druck zu den Luftkühlern, die in die CONAIR-Kühlstäbe* **B** *eingebaut sind. Durch ein Expansionsventil wird das Kältemittel in das Rohrsystem der Luftkühler eingespritzt, wo es verdampft und wieder in den Kältekühlkreis abgesaugt wird. Beim Verdampfen entzieht es dem Luftkühler Wärme.*

Von der Kühlmaschine durch den Kühlstab zum Kühlcontainer

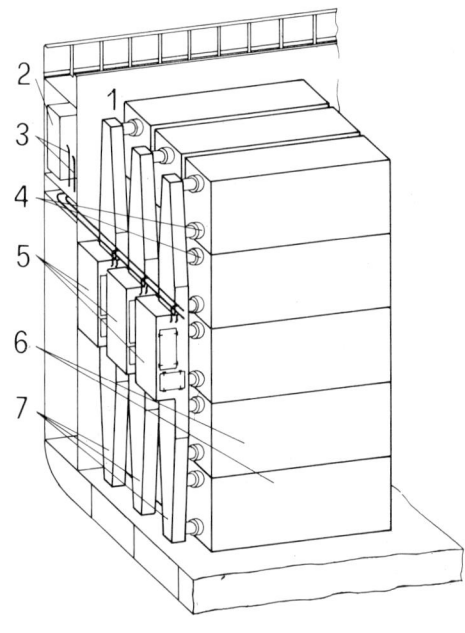

Die CONAIR- Kühlstäbe versorgen die angeschlossenen Kühlcontainer mit Kaltluft zum Kühlen der Ladung. Kühlstäbe und Container bilden zusammen einen geschlossenen Luftkreislauf. Der in jeden Kühlstab eingebaute CONAIR-Ventilator drückt die Luft durch den Luftkühler in den Zuluftschacht des Kühlstabes. Von dort wird die Luft in die unteren Zuluftöffnungen der einzelnen Container geblasen.

Links: Schema einer Kühlstabgruppe. **1:** *Kühlstäbe –* **2:** *Kühlmaschinen –* **3:** *Kühlmittelleitungen –* **4:** *Pneumatische Kupplung –* **5:** *Luftkühlergehäuse mit eingebautem Ventilator –* **6:** *Kühlcontainer –* **7:** *Doppelkanalsystem für Zu- und Rückluft.*

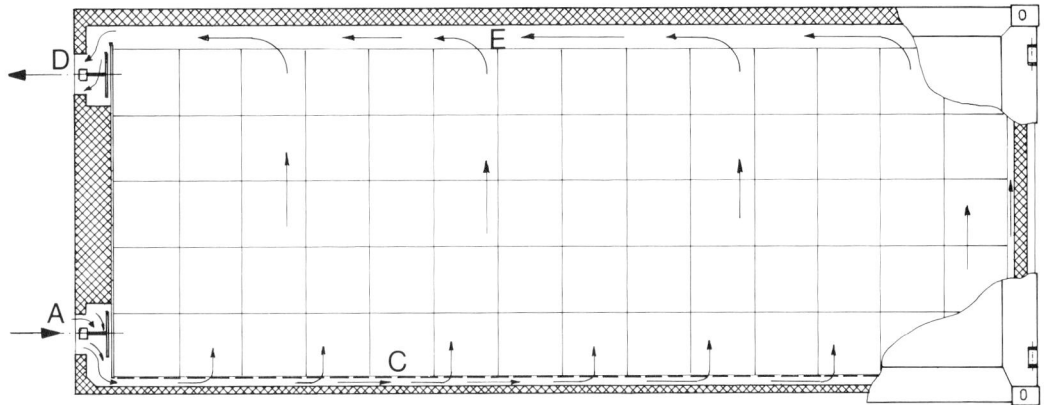

Der Weg der Kühlluft durch einen Kühlcontainer

Jeder Kühlcontainer, der kein eigenes Kühlaggregat besitzt, hat auf der Stirnseite gegenüber den Türen zwei Öffnungen („Port Holes") **A** und **D**, die genau auf die beiden Kupplungen an den Kühlstäben passen.

Die Zuluft wird nach Passieren der Zuluftöffnung **A** durch eine Prallwand nach unten umgelenkt und unter die Bodengräting **C** des Kühlcontainers verteilt. Durch die Gräting hindurch steigt die Luft gleichmäßig an der Ladung vorbei nach oben zur Decke. Dort wird sie abgesaugt und durch die obere Rückluftöffnung **D** und

den Rückluftkanal im Kühlstab dem Luftkühler zur erneuten Kühlung zugeleitet. Innen ist der gesamte Kühlcontainer mit einer Wärmedämmschicht **E** aus Polyurethan-Schaum ausgekleidet.

Die Kühleinrichtungen sind für Temperaturen von + 16° bis − 28° Celsius eingerichtet, um die Ladung entsprechend ihrer Eigenart kühlen zu können. In diesem Bereich kann jede Temperatur mit einem ganzen Kühlstab genau gehalten werden.

Zeichnungen: CONAIR / G + H Montage

Die Temperaturen der Kühl-Container werden
ständig überwacht

Diese beiden Geräte dienen zur Anzeige der vom Bordrechner des Containerschiffes ermittelten Meßdaten der Kühlaggregate. Die Geräte stehen sowohl auf der Brücke als auch im Maschinen-Kontrollraum.

Gemessen wird die Rückluft der Kühlcontainer. Pro Kühlstrang – maximal 7 Container – wird eine Soll-Temperatur eingestellt. Ist eine Einhaltung dieser Temperatur innerhalb gewählter Toleranzen nicht mehr gegeben, wird

der Störwert protokolliert und ein akustischer Alarm ausgelöst. Für das sogenannte Kühltagebuch werden in bestimmten Zyklen die Meßwerte sämtlicher Container protokolliert.

Über den Bildschirm-Terminal können außerdem jederzeit sämtliche Meßstationen einzeln abgefragt werden.

Links: Protokollierschreibmaschine – Mitte: Schalter und akustisches Signal – Rechts: Bildschirmterminal.

Informationen und Dokumente begleiten den Container

Während der Container geladen wird, ist der Reedereiagent bereits damit beschäftigt, die Papiere und Dokumente für das Löschen im Zielhafen fertigzustellen.

Für die verschiffte Ladung stellt er dem Ablader Konnossemente aus, gegen die dem Empfänger im Löschhafen die Ladung ausgeliefert wird. Auf dem Konnossement sind alle Angaben über die Ladung zu finden: Ablader (Absender) – Empfänger – Lade- und Löschhafen – Warenart – Markierung – Gewicht und Abmessungen – Gefahrenklasse – Frachtberechnung usw. und Unterschriften. Auch die Container-Nummer ist dabei.

```
xna 729 23h12 01/07/83 hbg162 bha 027
qu hsacl fsacl equcl tekcl nckcl hbgcl
.saoclcl


to: dz/bas
cc: hsdg-fsa/hbg
cc: hsdg-equ/hbg
cc: teco/hbg
cc: col-equicon/nyk
cc: intermar/rdm        (hbg, ppo, tlx 21586

fm: caravel/spo (rt)

spo/01.07.83

tn hsa-812

re: stowage telex - mocer 06 nb
    sld fm rgr on 30.06.83
================================

from rgr to rtm:
----------------

110606 sudu 2192072 280 rtm 153 hp frozen meat
110405 sudu 2241304 280 rtm 154 hp  ,,      ,,
110605 sudu 2243035 280 rtm 151 hp  ,,      ,,
110705 sudu 2166690 280 rtm 151 hp  ,,      ,,
150308 sudu 2213149 280 rtm 206 hh fruit-juice
150208 sudu 2191380 280 rtm 204 hh  ,,      ,,
150102 sudu 2193675 280 rtm 203 hh  ,,      ,,
150302 sudu 2191517 280 rtm 200 hh  ,,      ,,
110907 sudu 2314817 286 rtm 102 ph tobacco
030901 ikku 0020871 286 rtm 039 hh shoes
030801 ssiu 2858461 286 rtm 054 hh furniture
030903 conu 2425001 286 rtm 049 -- mty/tank

from rgr to ham:
----------------

110607 sudu 2204574 280 ham 135 hh frozen meat
110507 sudu 2211188 280 ham 157 hh  ,,      ,,
410702 conu 4643184 486 ham 232 hh tobacco
410801 inbu 4125073 486 ham 234 hh  ,,
470201 gstu 6027215 486 ham 232 hh  ,,
470102 gstu 9000060 486 ham 232 hh  ,,
470701 gstu 6024005 486 ham 232 hh  ,,
470501 inbu 7127470 486 ham 233 hh  ,,
```

Mit diesem Stau-Telex ("Stowage Telex")

hat der Agent im Ladehafen Buenos Aires die Reederei in Hamburg und die Agenten in den verschiedenen Löschhäfen fernschriftlich informiert über Stellplätze im Schiff, Container-Nummern, Löschhäfen, Gewichte, Nummern der Siegel an den Containern, Transportweg (z. B. HH = Haus-Haus, HP = Haus-Pier) und die Warenart (z. B. Gefrierfleisch).

Im Kopf trägt das Telex die Codes für die Empfänger, Schiffsnamen und Abreisedatum.

Der Agent erstellt das Manifest und schickt eine Kopie an den Agenten im Löschhafen. Im Manifest ist die Ladung nach Konnossementsnummern geordnet; es dient dem Löschhafenagenten zur Vorlage bei der Zollbehörde, zur Identifikation vorgelegter Konnossemente und auch zur Fracht- und Kommissionsabrechnung.

Zur schnellen Schiffsabfertigung wird dem Löschhafenagenten über Fernschreiber ein Stauplan-Telex („Stowage Telex") geschickt. In diesem Fernschreiben steht verschlüsselt, auf welchem Schiff und an welchem Platz sich ein bestimmter Container befindet. Der Stauer im

Löschhafen benutzt den Stauplan, um den Löschvorgang vorauszuplanen, damit die Container möglichst schnell gelöscht und an die Empfänger ausgeliefert werden können.

Gleichzeitig wird ein weiteres Fernschreiben, „Enroute-Telex" (An-Bord-Aufstellung), vom Ladehafenagenten an seine Kollegen in den Löschhäfen geschickt: Es enthält alle Containernummern für den jeweiligen Hafen. Mit dieser Liste übernimmt der Agent die weitere Verwaltung der Container und kann er den Wiedereinsatz planen.

```
xna324 10h54 13/07/83 mtt004 en-route-telex hbg-sued
pp 88 30 12
.289teco
qu nckcl riocl saocl hsacl
.hbgclcl


to: columbus line, new york        attn. equ control

cc: hsam, rio de janeiro
    hsam, rio grande
    caravel, sao paulo
    dz, buenos aires
    pisadal, montevideo
    equ, hamburg

fm: teco gmbh, hamburg

re: en-route-telex   ms monte rosa voy 13 sb
    sailing date antwerp  05.07.83
==========================================

from antwerpen             to rio de janeiro

                20 feet                        Im „En-route-Telex"
                                               (An-Bord-Aufstellung)
sudu 231 8535
sudu 236 0577       2245    2380    3909   werden, getrennt für jeden Lade- und
texu 269 4229                             Löschhafen, die Nummern der Con-
                                          tainer aufgelistet, die sich während
from antwerpen             to santos      dieser Reise an Bord befinden. Das
                                          abgebildete Telex geht als Fern-
                20 feet                    schreiben von Hamburg an die Agen-
                                          ten in den verschiedenen Löschhäfen,
catu 266 3137                             damit so früh wie möglich über die ein-
cona 232 4763                             kommenden Container disponiert
conu 218 7948                             werden kann.
conu 260 6026
conu 262 9778
conu 343 3460
sudu 218 4056       6172    6439    7353    7923
sudu 219 1288       2100    2719    2811    2853    3206
sudu 221 0406       1573    2688    2760    2836    3724
sudu 221 3787       5434    5964
sudu 222 4842       4945
sudu 224 0099       0170    0231    0714    0720    1454
sudu 224 2173       3190
sudu 225 0013       0923    1175    1621    1684    2103
sudu 225 2145       2628
```

Wo stehen die Container für Buenos Aires?

Der ausgefüllte Stau- oder Stellplatzplan („Bay Plan") zeigt der Schiffsleitung und dem Reedereiagenten mit einem Blick, wo sich im Schiff Container für einen bestimmten Löschhafen befinden.

Jeder Laderaum eines Monte-Schiffes besteht aus zwei Bays (Buchten), die acht Laderäume also aus 16 Bays. Für jede Bay und für die Stellplätze an Deck enthält der Bay Plan eine Anzahl von Quadraten. Jedes Quadrat entspricht einem Container-Stellplatz.

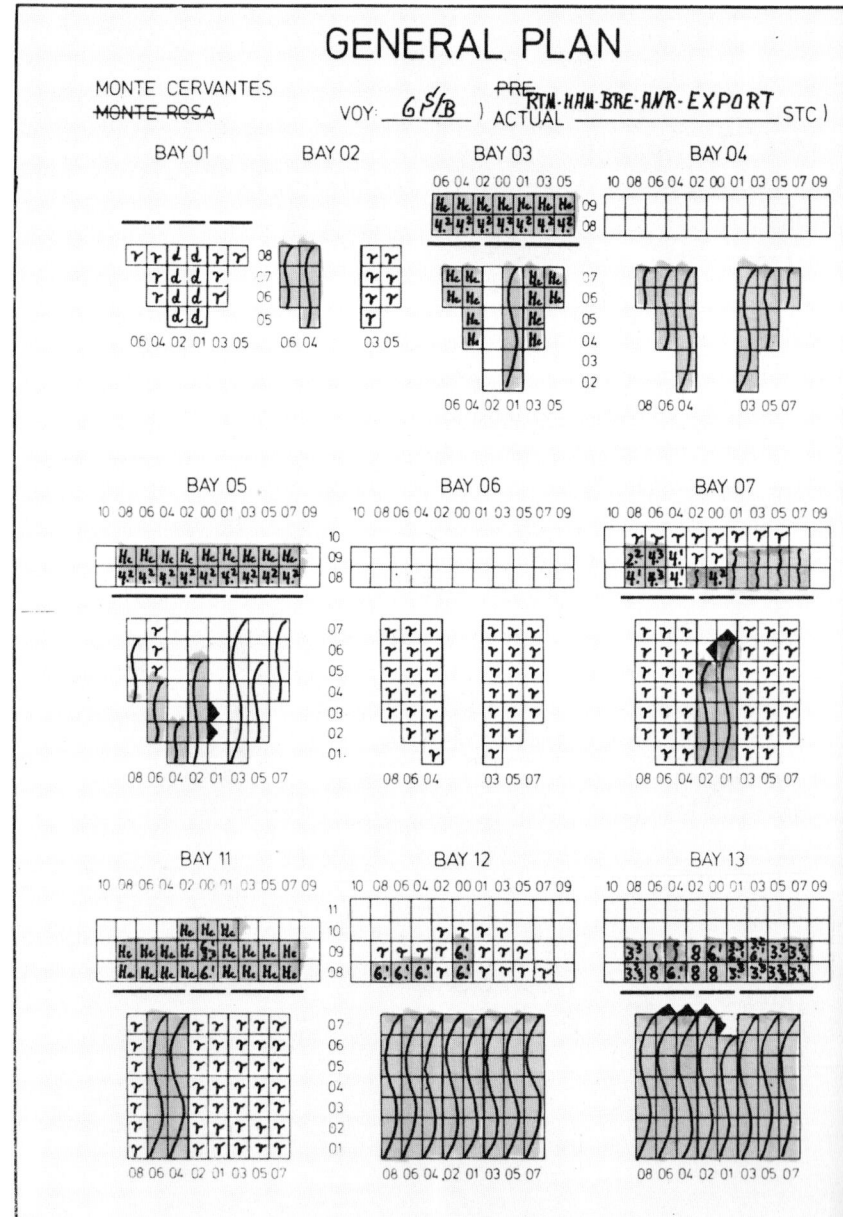

Auf dem ausgefüllten „Bay Plan" findet man sie sofort

Der „Ships Planner" im Hafenbüro des Agenten, der die Container auf ihre Stellplätze verteilt, zeichnet in bestimmten Farben, z. B. grün für Buenos Aires, braun für Montevideo, rot für Santos, ein, wo die einzelnen Container für einen bestimmten Löschhafen stehen. Ein ausgefüllter Bay Plan sieht dann wie ein bunter Flickenteppich aus.

Nach Fertigstellung wird der Bay Plan sofort durch Luftpost den Agenten in den Bestimmungshäfen zugeschickt.

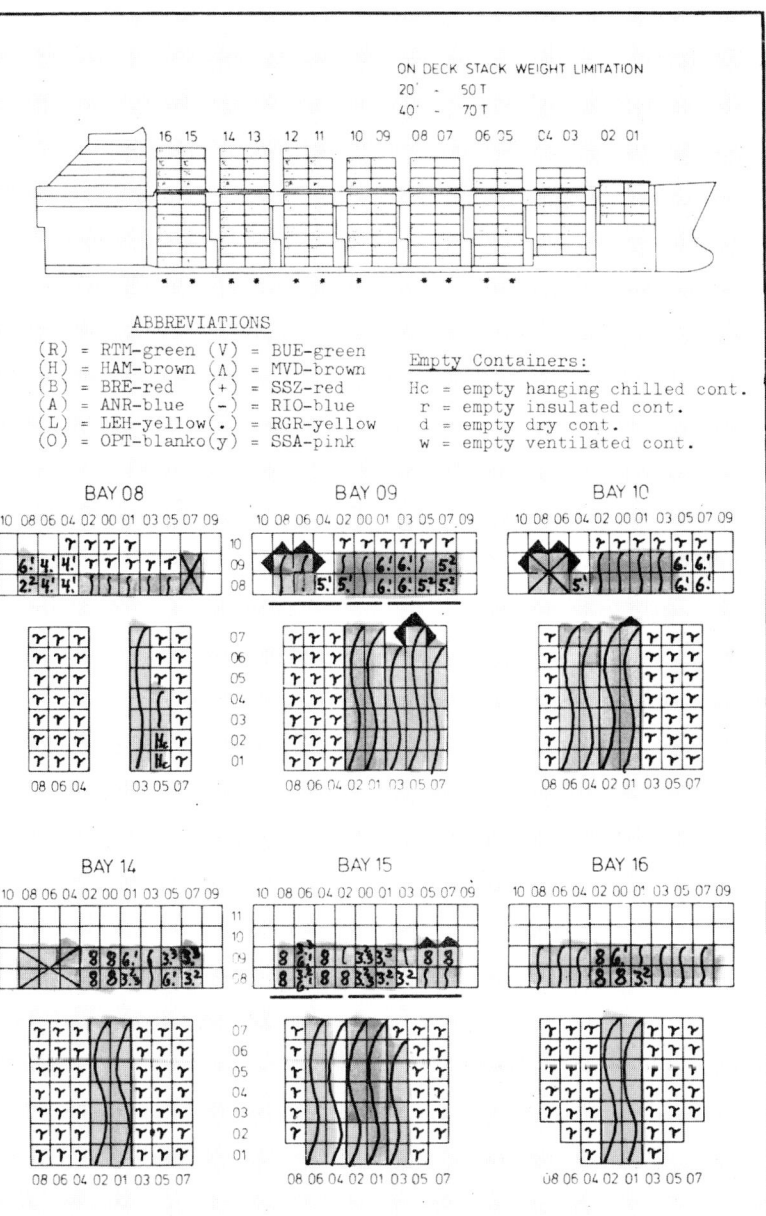

Der Stellplatzplan
(„Bay Plan")

ist in mehreren Farben angelegt, die die Löschhäfen der einzelnen Container kennzeichnen. Der Längsschnitt oben rechts dient zur Übersicht über die sechzehn Bays.

Bei den Querschnitten bedeutet die obere Leiste die Decksladung, die Blöcke darunter die Unterdecksladung.

Jeder Container an Bord ist in einem solchen Stellplatzplan bezeichnet.

Ladungsoffizier und Vormann

Beim Laden stehen Vormann (Decksaufsicht) und La-
dungsoffizier an der Luke. Der Vormann hilft dem Brük-
kenfahrer über Sprechfunkgerät beim Einweisen der
Container in die Führungsgerüste der Laderäume. Der
Ladungsoffizier verfolgt aufmerksam den Ladevorgang.
Er ist dafür verantwortlich, daß die Container im Löschha-
fen unbeschädigt gelöscht werden können.

Fachleute vom Schuppenpersonal

sind auch am Kai tätig, wenn Schiffe beladen oder ge-
löscht werden. Hier steht eine Kaiaufsicht (Lademeister)
unter der Brücke, um den Brückenfahrer über Sprech-
funkgerät einzuweisen, und ein „Schecker", der die von
der Brücke abgesetzten Container auf eventuelle Schä-
den überprüft und in einer Container-Empfangsbeschei-
nigung („Interchange") vermerkt. Bei Isoliercontainern
sorgt der „Schecker" auch für das Schließen der Klappen
an den Kühlöffnungen.

Das Schiff soll auslaufen

Während der Liegezeit des Schiffes im Hafen hält der „Waterclerk" oder Schiffsabfertiger des Reederei-Agenten ständig Kontakt mit dem Stauer und der Schiffsleitung.

Zunächst wird der Zeitpunkt des Auslaufens grob geplant. Etwa drei Stunden, bevor das Schiff ablegen soll, wird nach dem Stand der Umschlagsarbeiten der Termin von Waterclerk und Schiffsleitung endgültig festgelegt und dem Waterclerk mitgeteilt.

Der Waterclerk bestellt den Lotsen; Schlepper und Festmacher werden benachrichtigt, die Wasserschutzpolizei wird informiert. Alles dies erledigt der Waterclerk.

Wenn das Schiff im Freihafen liegt, erübrigt sich eine Abmeldung beim Zoll.

Eine Stunde vor dem Auslaufen erscheint der Waterclerk wieder bei der Schiffsleitung und dem Stauer, um etwaige Verzögerungen zu erfahren und weiterzuleiten. Bleibt es beim ursprünglichen Zeitpunkt, so läuft alles nach einem eingespielten Plan ab.

Natürlich wird das Auslauf-Manöver auch an Bord vorbereitet. Die Hauptmaschinenanlage wird einsatzbereit gemacht und die Einrichtungen für die Sicherheit und Navigation überprüft.

Das Schiff kann ablegen. Mit wenigen Kommandos des Lotsen und des Kapitäns verläßt es das Hafenbecken und geht auf die Reise.

Hat das Schiff abgelegt, so gibt der Waterclerk eine entsprechende Nachricht an seinen Kollegen im nächsten Hafen, der das Schiff nun seinerseits bei Behörden, Lotsen, Schleppern, Festmachern und dem Stauer anmeldet.

Die Hilfe des Computers

Auch in der Containerschiffahrt kommt man ohne elektronische Datenverarbeitung nicht mehr aus. Fast alle Vorgänge um den Container werden von Computern registriert, gespeichert, überwacht oder gesteuert. Entsprechend der Programmierung stellt der Computer rechtzeitig der Reederei, dem Agenten, dem Stauer und der Schiffsleitung alle nötigen Informationen gedruckt oder auf einem Bildschirm zur Verfügung. Meistens wird die Arbeit auf mehrere Computer verteilt:

1. Der Computer in der Reederei-Zentrale überwacht die jeweiligen Standorte und Bewegungen der Container. Er fertigt die Ladungsdokumentation mit den nötigen Manifesten und Listen aus und besorgt im übrigen die Frachtabrechnung und die Verbuchung der bei der Benutzung der Container entstehenden Kosten.

2. Auch am Container-Terminal oder -Schuppen arbeitet ein Computer. Er weiß, wo die Container gelagert sind und ob sie leer, voll oder etwa beschädigt sind.

3. An Bord hilft ein Computer der Schiffsführung bei der Berechnung der günstigsten Beladung und der Stabilität des Schiffes, er überwacht die Maschinenanlage an tausenden von Meßstellen, steuert aber auch die Ladungskühlanlage, an die die Container angeschlossen sind. Temperaturaufzeichnungen und Alarmmeldungen bei Abweichungen gehören dazu.

Jeder Container hat seine eigene Code-Nummer

Informationen über Container kann der Computer aber nur bearbeiten, wenn ihm genau gesagt wird, um welchen Container es sich handelt.

Um jeden Container eindeutig identifizieren und ihn von anderen unterscheiden zu können, hat man jeden Container mit einer weltweit gültigen Code-Nummer versehen. Sogar die Stellen, an denen diese Nummer am Container zu finden sind, sind von der ISO international festgelegt (ISO = International Organization for Standardization). Sie muß auf allen Seiten am oberen Rand angebracht sein, außerdem zweimal auf dem Dach.

Die Container-Nummer sieht nach diesen internationalen Regeln beispielsweise wie folgt aus:

S U D U	2 1 2	3 4 5	☐1
Prefix	Serie	Nummer	Prüfziffer

Es sind also vier Buchstaben, sechs Ziffern und eine Prüfziffer = elf Zeichen.

Der Prefix kennzeichnet mit den ersten drei Buchstaben den Eigentümer, z. B. Hamburg-Süd = SUD, Hapag Lloyd = HCL usw.; der vierte Buchstabe ist immer ein „U" und deutet darauf hin, daß der Container nach diesem Schema numeriert ist.

Die Seriennummer besteht aus drei Ziffern und wird vom Eigentümer nach seinen Grundsätzen festgelegt.

Auch die fortlaufende Nummer innerhalb der Serie wird vom Eigentümer festgelegt.

Am Ende der Container-Nummer steht die Prüfziffer, häufig eingerahmt. Die Prüfziffer errechnet sich nach einem bestimmten Rechenverfahren aus den übrigen Buchstaben und Ziffern der Container-Nummer.

Bei jeder Bearbeitung von Daten über einen Container rechnet der Computer die Prüfziffer nach. Ergibt sich eine andere Ziffer als die gemeldete, so hat sich bei Meldung der Container-Nummer ein Fehler eingeschlichen. 90% der Fehler werden so entdeckt und können keine weiteren Irrtümer verursachen.

Wenn ein Container ausgedient hat, wird seine Nummer gelöscht. Ausgediente Container werden häufig als Lagerräume, Wochenendhäuschen oder anders weiterverwendet, meist aber verschrottet.

Jeder Container muß seine Unterscheidungszeichen in mindestens 10 cm hohen Buchstaben und Ziffern an allen vier Seiten und zweimal an bestimmten Stellen auf dem Dach tragen.

Blick in das Rechenzentrum der Hamburg-Süd

1: *Zentraler Bedienplatz mit Tastatur* – **2:** *Bildschirm* – **3:** *Protokollschreibmaschine;* **2** *und* **3** *zeigen die Systemmeldungen und Eingaben an* – **4:** *Schreib-/Lesegerät für Magnetbänder* – **5:** *Schreib-/Lesegerät für Magnetplatten* – **6:** *Magnetbänder* – **7:** *Magnetplatten* – **8:** *Zentraleinheit (Central Processing Unit – CPU)* – **9:** *Schnelldrucker für Auswertungen.*

Im Rechenzentrum der Hamburg-Süd

werden auf Magnetplatten **(5 und 7)** sämtliche Informationen über die Container-Bewegungen gesammelt, die im Laufe eines Tages von den Reederei-Agenturen in Übersee per Datenfernübertragung nach Hamburg gemeldet werden.

Durch Programme, die im „Hirn" des Rechenzentrums, der Zentral-Einheit **(8),** ablaufen, werden diese Daten automatisch geprüft und ergänzt. Auswertungen und Fehlerlisten werden mit Hilfe des Schnelldruckers **(9)** auf Papier gebracht.

Die gesammelten Daten werden aus Gründen der Sicherheit in regelmäßigen Abständen zusätzlich auch auf Magnetbänder **(4 und 6)** geschrieben und aufbewahrt.

Der sogenannte „Operator" kontrolliert den ordnungsgemäßen Arbeitsablauf im Rechenzentrum. Über den zentralen Bedienplatz **(1)** kann er Anweisungen an die Computer erteilen oder Meldungen der EDV-Anlage beantworten, die über den Bildschirm **(2)** angezeigt werden.

Alle System-Meldungen und Eingaben des Operators werden mit Hilfe der Protokoll-Schreibmaschine **(3)** dokumentiert, um auch zu einem späteren Zeitpunkt die durchgeführten Arbeiten kontrollieren zu können.

Entsprechend den eingegebenen Programmen werden die Daten sortiert, verarbeitet und denjenigen, die damit arbeiten müssen (Reederei, Reederei-Agenturen, auch in Übersee, Stauerei und Schiffsleitung), entweder gedruckt oder auf dem Bildschirm wieder zur Verfügung gestellt.

Blick in das Rechenzentrum der Hamburg-Süd
Erklärung der Ziffern auf der gegenüberliegenden Seite.

Ein Computer an Bord
(im Maschinenkontrollraum)

Datensichtgerät (A) *für die Überwachung der Maschinenanlage*
B: *Bedienfeld für das Sichtgerät*
C: *Versteller für die Kühlkreisläufe*
D: *Test- und Sicherheitspaneel für den Hauptmotor*
E: *Automatisches Telefon.*

Blick von der Brücke über die Container hinweg auf das Vorschiff.

Der Container auf der Reise

Auf der Seereise bleiben die Container stets geschlossen. Sie stehen in den Laderäumen zu acht neben-, in sieben Lagen übereinander gestapelt in den Führungsgerüsten („Cell Guides"); jeder zu kühlende Container ist an die Zu- und Ablüfter der Kühlanlage angeschlossen. An Deck stehen sie auf den wasserdicht verschlossenen Lukendekkeln zu elft nebeneinander, vor dem hohen Aufbau in vier Lagen übereinander, dann abnehmend bis zu zwei Lagen auf dem Vorschiff; denn nach Vorschrift der SBG (Seeberufsgenossenschaft) müssen die Container so gestapelt sein, daß der Blick von der Brücke über die Back hinweg zum Wasser nicht verstellt ist („Sichtstrahl").

Der Ladungsoffizier kontrolliert auf täglichen Rundgängen die Verzurrung der auf Deck gestauten Container. Besondere Aufmerksamkeit schenkt er den mit Chemikalien oder gefährlichen Gütern beladenen Containern. Er stellt u. a. auch fest, ob bei Rollbewegungen des Schiffes aus einem Container Geräusche dringen, die darauf schließen lassen, daß die Ladung lose ist, oder ob Flüssigkeit austritt.

Unter Deck macht der Ladungsoffizier, wenn Kühlcontainer geladen sind, Temperaturkontrollen an den Kühlstäben der Laderäume. Auch an den Kühlcontainern an Deck mit Clip-on-Units kontrolliert der Ladungsoffizier laufend die vorgeschriebenen Temperaturen. Auf diesem Rundgang entgeht dem geschulten Auge des Ladungsoffiziers nichts. Von der Tankdecke des Doppelbodens bis zu den Lukendeckeln merkt er sofort, wenn irgendwo Leckagen oder andere Unregelmäßigkeiten auftreten.

Wenn es in der Kühlanlage eine Störung gibt, wie z. B. Ausfall von Motoren, Reglern, Schaltern usw., leuchten auf den Kontrolltafeln im Maschinenkontrollraum Lämpchen auf, die anzeigen, was ausgefallen ist und in welchem Laderaum der Fehler zu suchen ist. Der Elektriker kann den Schaden meist mit Bordmitteln beheben. Entsprechende Ersatzteile für die Aggregate sind an Bord.

Kurz bevor der nächste Bestimmungshafen erreicht ist, beginnen an Bord die Vorbereitungen für das Löschen der für diesen Hafen bestimmten Ladung.

Nachdem das Schiff festgemacht hat, lösen Matrosen und Junggrade nach den Anweisungen des Bootsmannes und unter Aufsicht des Ladungsoffiziers die Verzurrungen, mit denen die Container an Deck gesichert waren. In vielen Häfen wird dies auch von Hafenarbeitern erledigt. Meterlange Zurrstangen, die mit Haken in die Ecklöcher („Corner Castings") der Container eingehängt und mit Spannschrauben auf den Lukendeckeln festgezurrt sind, müssen entfernt werden.

Der große fahrbare Portalkran an Deck wird aus seiner Verankerung an Steuerbord und Backbord der Aufbauten gelöst. Wenn der Kranführer den Kranausleger zum Kai hin ausgeschwenkt hat,

können die Container in der vorher bestimmten Reihenfolge vom Deck abgehoben und an den Kai verfahren werden. Rolltrailer, Portalstapler und Hochstapler stehen neben dem Schiff an Land bereit, um die Container an ihre Bestimmungsplätze auf dem Terminal oder vor dem Schuppen zu fahren.

Während des Löschens und Ladens ist der Platz des Ladungsoffiziers an Deck, wo der Bordkran und die landseitigen Containerbrücken arbeiten. Er kontrolliert die Containerbewegungen vom Schiff zum Kai und umgekehrt. Er paßt auf, daß die Kühlanschlüsse der Kühlanlage nicht abgebrochen werden und keiner der Container beschädigt wird.

Unter anderem achtet er auch darauf, daß alle Leinen, mit denen das Schiff am Pier vertäut wurde, das Schiff trotz ständig wechselnder Beladungszustände sicher an seinem Liegeplatz halten.

Sollte das Schiff durch das Löschen von Containern auf nur einer Schiffsseite etwa Schlagseite bekommen, wird diese von automatisch geregelten Pumpen, die entsprechende Tanks mit Ballastwasser füllen, ausgeglichen. Hier hat die Automatik den Ladungsoffizier abgelöst.

Wie ein Mensch hat jedes Schiff seine „Ausweise":

das Schiffszertifikat, das sozusagen der Paß des Schiffes ist und Namen, Unterscheidungssignal und Heimathafen nennt; das Klassenzertifikat, das die Klassenzeichen für den Zustand von Schiff, Maschine und Kühlanlage und die wichtigsten Daten für alle drei enthält; das Freibordzeugnis, das den höchstzulässigen Tiefgang des Schiffes angibt, sowie zahlreiche andere Papiere, z. B. über die Sicherheit, die Fahrterlaubnis, Gesundheitspapiere usw. Sie werden in einer Mappe beim Kapitän oder 1. Offizier verwahrt und beim Anlaufen und Verlassen eines Hafens (beim Ein- und Ausklarieren) vom Funkoffizier den Behörden vorgelegt.

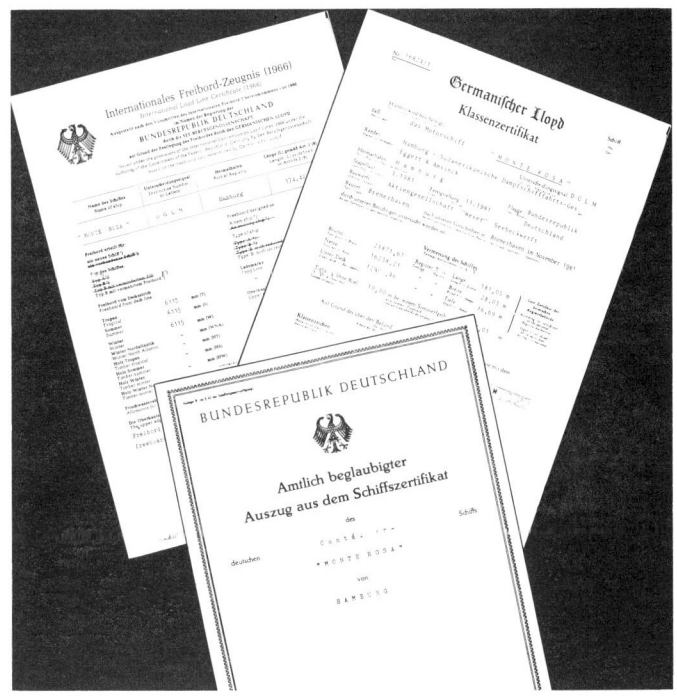

Ein Blick in die Küche
A: *Wrasen-Abzug* – **B:** *Elektrischer Herd* – **C:** *Anrichte* – **D:** *Mehrzweck-Küchenmaschine* – **E:** *Wärmeschrank.*

Küche und Bedienung

Küche und Bäckerei sind an Bord ein Reich für sich. Hier herrscht der Koch mit dem Bäcker/Kochsmaat. Der beginnt morgens um sechs Uhr mit dem Backen, damit die Besatzung zum Frühstück neben verschiedenen Sorten von Brot auch frische Brötchen hat. Um sieben Uhr fängt auch der Koch mit seiner Arbeit an. Das Frühstück für die Besatzung wird vorbereitet. Eier werden nach Wunsch gebraten oder gekocht, Aufschnitt steht auf dem Tisch, Butter und Marmelade. Kaffee und Tee gibt es ohnehin zu jeder Tageszeit.

Der Kochsmaat beginnt inzwischen mit Kartoffelschälen an der Maschine und mit Gemüseputzen; auf dem Herd sind Suppe und Fleisch für das Mittagessen schon angesetzt. Um halb zwölf muß das Essen für die Besatzung auf dem Tisch stehen.

Von den Pantries (Pantry = kleine Anrichte) neben der Offiziers- und der Mannschaftsmesse aus tragen der 1. Steward und der Messesteward das Essen auf.

Drei warme Mahlzeiten gibt es am Tage: Frühstück, Mittag- und Abendessen. Jedesmal geben die Stewards hinterher das benutzte Geschirr in die Geschirrspülmaschine. Teller und Schüsseln stellen sie ab, Tassen und Kannen hängen sie auf, damit sie zur nächsten Mahlzeit griffbereit sind. Das warme Abendessen und eine Aufschnittplatte werden um 17.30 Uhr serviert.

Der Speisezettel wechselt täglich. Die Speisen sind den heutigen Ernährungsgrundsätzen, dem Klima und dem Geschmack angepaßt. Zusammen mit der Schiffsleitung legt der Koch das Programm für die nächste Woche fest.

Küche und Bäckerei mit allem, was dazugehört, sind vollelektrisch eingerichtet: Vom Herd bis zum Backofen, Kartoffelschäler, Geschirrspülmaschine, Brotschneider, Eierkocher, bis zur Kaffeemühle, Wurstmaschine, Kühlanlage usw. erleichtern Maschinen die Arbeit. Proviant- und Kühlräume liegen in unmittelbarer Nähe der Küche.

Die Stewards sorgen u. a. mit für die Sauberkeit in der Messe und in den Pantries und in den Kammern der Offiziere und Ingenieure.

Das Schiff nimmt Proviant an Bord,
aber auch alles, was für die kommende Reise an Ausrüstung gebraucht wird, Frigen-Kühlmittel, Farben, Schmieröl, Putzmittel usw.

In der kleinen Pantry (Anrichte)

wird das gebrauchte Tischgeschirr von den Stewards sofort aufgewaschen und gebrauchsfertig und seesicher verwahrt. Die Tassen „hängen" wegen des Seegangs, Teller stehen im Tellerbord zwischen Halterungen, Gläser im Gläserrack. – Von allem Geschirr und allen Gläsern ist viermal soviel an Bord, wie täglich gebraucht wird, damit bei Bruch oder bei Besuch im Ausland nichts fehlt.

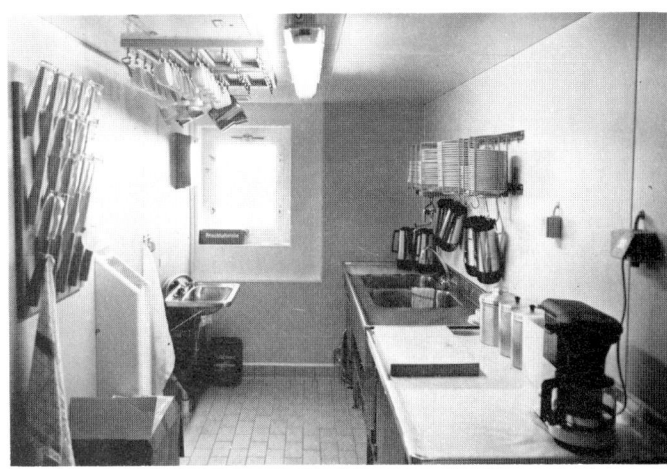

Proviant für eine Reise

In den knappen Stunden im Heimathafen muß ausreichend Proviant für die nächste Reise übernommen werden. Die Einkaufsabteilung der Reederei kauft im Freihafen (wie in jedem anderen größeren Seehafen der Welt) steuer- und zollfrei von den dort ansässigen Schiffsausrüsterfirmen und Importeuren.

Die bestellten Waren stehen zum Ausrüstungstermin des Schiffes bereit und werden dann gleich mit dem schiffseigenen Proviantkran an Bord genommen und in den Vorrats- und Kühlräumen verstaut. Frischgemüse und Obst bei einer Temperatur von + 4 bis + 6° Celsius; Fleisch, Geflügel, Speck, Schinken und Würste im Tiefkühl-Fleischraum bei − 20°; Fische im Fischraum ebenfalls bei − 20°; Eier und Käse bei + 4 bis + 6°; Zucker, Salz, Reis, Nudeln, Konserven usw. im Trockenproviantraum bei ca. + 20°.

An Getränken nimmt das Schiff alkoholfreie Getränke, Bier, Wein, Sekt, Spirituosen mit, außerdem Zigaretten und Zigarren, Süßwaren und kosmetische Artikel. Sie werden vom 1. Steward verwaltet und an Bord zu Selbstkostenpreisen verkauft.

Das alles ist aber nicht genug, um 28 Mann Besatzung auf einer Reise von rund 50 Tagen zu versorgen. In den Häfen, die in Übersee angelaufen werden, werden stets frisches Gemüse, Obst, Eier, Fleisch, Fische und was das Land sonst noch bietet, hinzugekauft. Für die *Monte*-Schiffe sind solche Hauptversorgungsplätze neben Hamburg und Rotterdam, Santos und Buenos Aires; im Liniendienst zwischen USA und Australien/Neuseeland sind die Hauptversorgungsplätze Norfolk bzw. Long Beach, Melbourne und Auckland. Für das „Catering" (Einkauf von Proviant, Lagerung und Verwaltung) sind der Funkoffizier/Verwalter und der Koch verantwortlich.

Die Ausstattung der Schiffe mit Wäsche, Geschirr, Besteck usw. wird nach Bedarf ergänzt. Reinigungsmittel werden im Materialstore vorrätig gehalten und für den Decksbereich vom Bootsmann, für den Maschinenbereich vom Storekeeper verwaltet. Waschmittel lagern beim Wäscher in der Wäscherei.

Wer zur See fahren will

1. Wer Matrose oder Schiffsmechaniker werden will, muß seediensttauglich für den Decksdienst sein und seine Schulpflicht erfüllt haben, also mindestens 15 Jahre alt sein.

Die Ausbildung dauert für beide Berufswege 36 Monate. Sie endet mit der Matrosenprüfung und der Aushändigung des Matrosenbriefes bzw. mit Prüfung und Bestallung zum Schiffsmechaniker.

2. Wer Motorenwart werden will, muß seediensttauglich sein. Er sollte bereits einen Beruf aus dem „metallbe- oder verarbeitenden Bereich" (z. B. Maschinenschlosser, Maschinenbauer, Kfz-Mechaniker) erlernt haben.

3. Wer nautischer Schiffsoffizier oder Kapitän auf Großer Fahrt werden will, muß für das Studium das Abitur, aber wenigstens die Fachhochschulreife vorweisen. Für das mittlere Wachoffizierspatent genügt die Mittlere Reife.

Die Ausbildungsdauer beträgt zwischen 6,5 und 8 Jahre.

4. Wer Technischer Schiffsoffizier (Schiffsingenieur in der Großen Fahrt) werden will, muß für das Studium das Abitur, aber wenigstens die Fachhochschulreife vorweisen. Für das mittlere bzw. kleine Wachoffizierspatent genügen die Mittlere Reife bzw. der Hauptschulabschluß.

Die Ausbildungsdauer beträgt zwischen 3,5 bzw. 5,5 Jahre.

Wer mehr über die oben angegebenen Möglichkeiten wissen möchte, wende sich an die

„Beratungsstelle für Schiffahrtsberufe" Winterhuder Weg 27, 2000 Hamburg 76, Telefon (040) 2 29 25/252 oder 254.

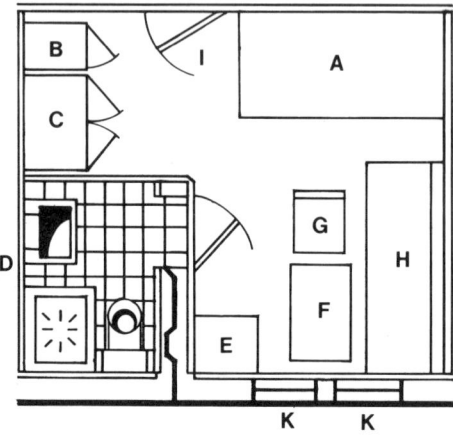

Die Nautischen und Technischen Offiziere

nehmen ihre Mahlzeiten in der Offiziersmesse ein. Sie werden vom Steward bedient und haben die gleiche Verpflegung wie die Mannschaften, die in der Mannschaftsmesse essen und dort vom Messesteward bedient werden.

Die Offiziere und Ingenieure wohnen in Einzelkammern mit Klimaanlage und haben jeder eigenes WC und Dusche. Die Räume von Kapitän, 1. Offizier, Leitendem und 2. Ingenieur bestehen aus Wohnraum, Schlafraum und Bad.

Die Mannschaft

wohnt in hellen geräumigen Einmannkammern. Jede ist mit separatem Duschbad und WC ausgestattet. Sämtliche Kammern sind an die Klimaanlage angeschlossen. Alle Wohn-/Schlafräume der Besatzung sind auf dem Achterschiff im Brückenaufbau untergebracht.

Einrichtung einer Einmannkammer

A: *Koje mit zwei Schubladen –* **B:** *Spind –* **C:** *Kommode –* **D:** *Duschbad mit Waschbecken und WC –* **E:** *Schränkchen –* **F:** *Tisch –* **G:** *Sessel –* **H:** *Polsterbank –* **I:** *Tür zum Gang –* **K:** *Fenster.*

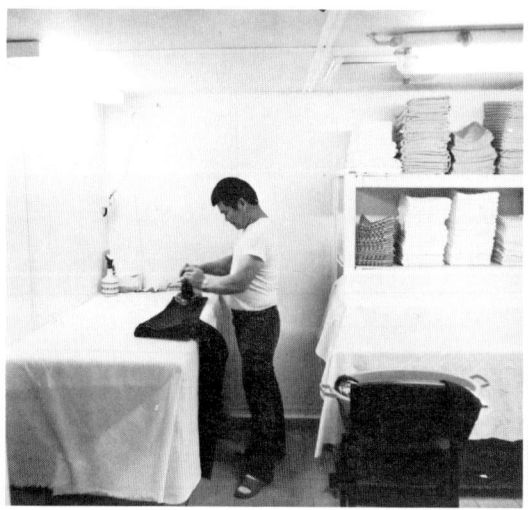

Auch die Wäscherei an Bord

ist vollelektrisch. Bettwäsche, Handtücher, Wolldecken usw. werden von der Reederei gestellt und vom Wäscher gewaschen und gebügelt. Gegen Bezahlung übernimmt er auch die private Wäsche der Besatzungsmitglieder. Annahme und Ausgabe der bordeigenen und privaten Wäsche erfolgt durch die Stewards.

Das etwa 2 m tiefe Schwimmbecken auf dem 2. Aufbaudeck

ist auf der Reise bei gutem Wetter ständig mit frischem Seewasser gefüllt.
Wenn das Schwimmbecken nicht benutzt wird bzw. wenn es nicht gefüllt ist, z. B. im Hafen, wird es sicherheitshalber mit einem festen Netz überspannt. – Die Bar (rechts) auf dem I. Deck steht auf See zu Wochenend und Freizeit und zu besonderen Anlässen nach Dienstschluß der Besatzung zur Verfügung.

Was tut die Besatzung in ihrer Freizeit?

Für die Wachgänger folgen auf vier Stunden Wache acht Stunden Freizeit. Die anderen („Tagelöhner") arbeiten üblicherweise von acht bis achtzehn Uhr mit Tischzeiten und Pausen.

Die Freizeit ist für die meisten ein Problem. Der Fahrplan ist so aufgemacht, daß die Schiffe nur kurze Zeit in den Häfen liegen und den größten Teil der Zeit auf See sind. Die Seefahrt ist nüchtern geworden. Muße, um Länder und Menschen kennenzulernen, gibt es fast nicht mehr.

An Bord bieten sich viele Möglichkeiten zu Unterhaltung, Belehrung und Beschäftigung, zu Spiel und Sport. Im Fernsehraum und in den Messen können Videofilme angesehen werden. Fernsehen ist allerdings nur in Küstenbereichen und in den Häfen möglich. Musikfreunde führen privat Kassettenrekorder mit, aber auch die Messen sind damit ausgestattet.

Baden und Schwimmen im Schwimmbecken ist nur in warmen Gewässern möglich. Beliebt sind die Trimmgeräte, z.B. das Trainingsfahrrad, eine Trockenruderanlage, Tischtennis und -fußball und das Wurfpfeilspiel, aber auch Gesellschaftsspiele wie Schach und andere Brett-, Karten- und Würfelspiele.

Die Bücherei an Bord bietet eine reiche Auswahl zum Lesen. Einzelne benutzen in ihrer Freizeit den Hobbyraum für Bastelarbeiten wie den Bau von Flaschenschiffen oder Modellen aller Art, zu Arbeiten aus Tauwerk usw. Andere haben das Fotografieren, Entwickeln und Vergrößern zu ihrem Hobby gemacht…

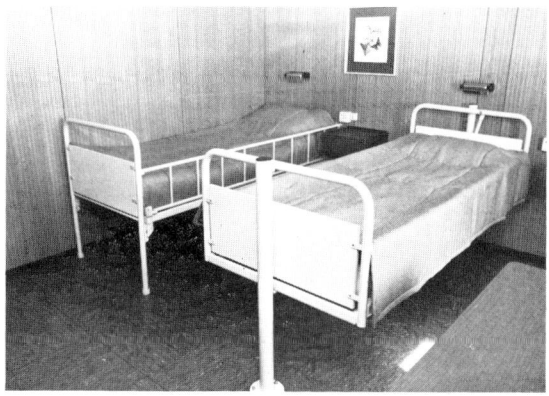
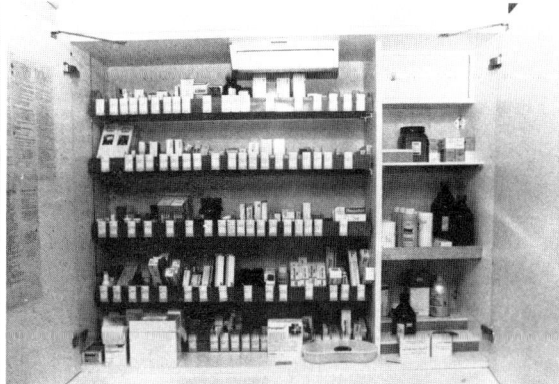

Das Hospital ist von der Seeberufsgenossenschaft vorgeschrieben. Neben dem Untersuchungsraum ist das Hospital mit einem kardanisch aufgehängten Bett für besondere Fälle. – Der Schlüssel zur Bordapotheke (rechts ein Ausschnitt) befindet sich bei der Schiffsleitung. Die Ausgabe von Medikamenten erfolgt durch einen sachkundigen Offizier, wenn nötig, nach Rücksprache über Norddeich Radio mit dem Krankenhaus Cuxhaven.

Über die Containerdienste der Hamburg-Süd

Die Hamburg-Süd betreibt einen Containerdienst von Europa zur Ostküste Südamerikas neben einem konventionellen Dienst.

Der Containerdienst verbindet die Häfen Hamburg, Bremen, Rotterdam und Antwerpen mit Buenos Aires, Montevideo und Santos. Auch Rio Grande und Rio de Janeiro werden regelmäßig bedient. Für den Südamerika-Dienst setzt die Hamburg-Süd drei Voll-Containerschiffe ein:

Monte Rosa 19,0 kn
    1050 TEU, davon 536 Kühlcontainer

Monte Cervantes 19,0 kn
    1050 TEU, davon 592 Kühlcontainer

Monte Sarmiento 19,0 kn
    950 TEU, davon 484 Kühlcontainer

Unter dem Namen *Columbus Line* bietet die Hamburg-Süd Voll-Containerdienste von der Ostküste, der Westküste sowie den Golfhäfen Nordamerikas nach Australien und Neuseeland und zurück an. Außerdem werden von Australien und Neuseeland die Karibischen Inseln und Venezuela angelaufen. Von Neuseeland werden mit Häuten, Wolle, Fleisch und Frucht (z.B. Kiwi) beladene Container nach Europa befördert.

Folgende Containerschiffe der Hamburg-Süd sind im Einsatz:

Columbus New Zealand 22,0 kn
    1250 TEU, davon 532 Kühlcontainer

Columbus Australia 22,0 kn
    1250 TEU, davon 454 Kühlcontainer

Columbus America 22,0 kn
    1250 TEU, davon 454 Kühlcontainer

Columbus Queensland 19,0 kn
    1050 TEU, davon 596 Kühlcontainer

Columbus Louisiana 19,0 kn
    950 TEU, davon 484 Kühlcontainer

Columbus Victoria 18,0 kn
    750 TEU, davon 336 Kühlcontainer

Columbus Virginia 18,0 kn
    750 TEU, davon 336 Kühlcontainer

Columbus Wellington 18,0 kn
    750 TEU, davon 336 Kühlcontainer

Columbus California 17,5 kn
    520 TEU, davon 215 Kühlcontainer

Columbus Tasmania 17,5 kn
    520 TEU, davon 215 Kühlcontainer

Ein Semi-Containerdienst verbindet Europa mit den südpazifischen Inseln. In diesem Dienst sind derzeit Charterschiffe im Einsatz.

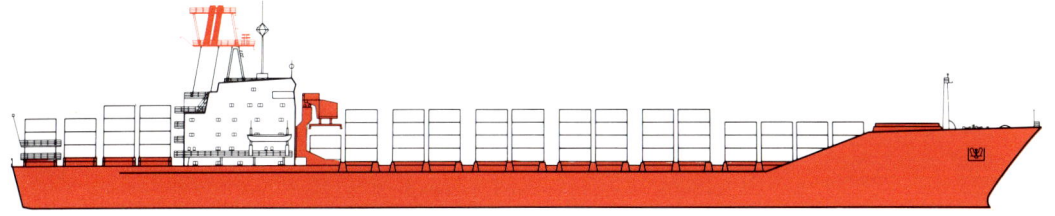

Columbus New Zealand

Tragfähigkeit 21 655 tdw
Länge ü. a. 194,0 m
Breite 29,3 m
Seitenhöhe 16,4 m
Maschine Getriebeturbine
*   25 000 PS*
Geschwindigkeit 22 kn
Bauwerft Howaldtswerke
*   Deutsche Werft,*
*   Hamburg*
Bau-Nr. 15

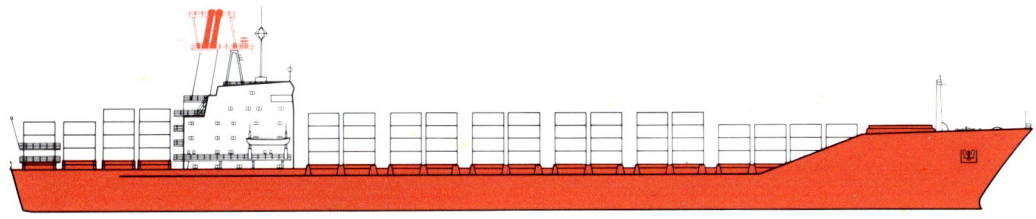

Columbus Australia

Tragfähigkeit 21 655 tdw
Länge ü. a. 194,0 m
Breite 29,3 m
Seitenhöhe 16,4 m
Maschine Getriebeturbine
*   25 000 PS*
Geschwindigkeit 22 kn
Bauwerft Howaldtswerke
*   Deutsche Werft,*
*   Hamburg*
Bau-Nr. 16

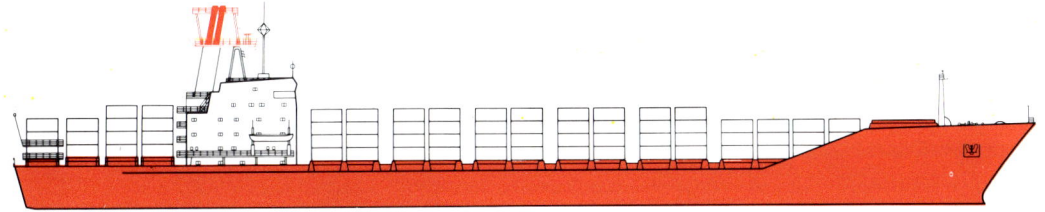

Columbus America

Tragfähigkeit 21 655 tdw
Länge ü. a. 194,0 m
Breite 29,3 m
Seitenhöhe 16,4 m
Maschine Getriebeturbine
*   25 000 PS*
Geschwindigkeit 22 kn
Bauwerft Howaldtswerke
*   Deutsche Werft,*
*   Hamburg*
Bau-Nr. 17

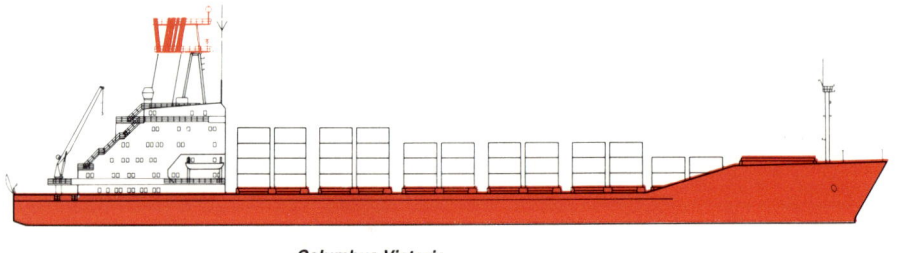

Columbus Victoria

Tragfähigkeit 15 789 tdw
Länge ü. a. 161,0 m
Breite 25,6 m
Seitenhöhe 13,7 m
Maschine Diesel 13 800 PS
Geschwindigkeit 18 kn
Bauwerft Seebeckwerft,
    Bremerhaven
Bau-Nr. 991

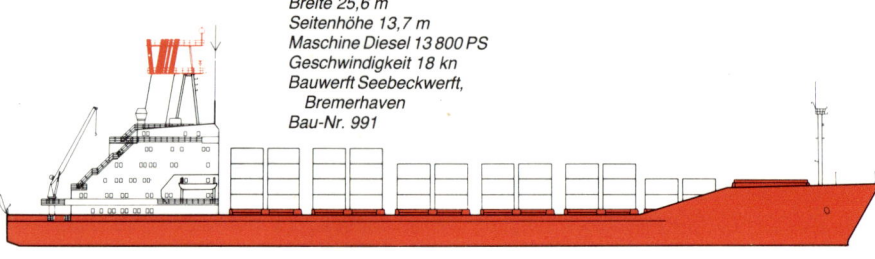

Columbus Virginia

Tragfähigkeit 15 790 tdw
Länge ü. a. 161,0 m
Breite 25,6 m
Seitenhöhe 13,7 m
Maschine Diesel 13 800 PS
Geschwindigkeit 18 kn
Bauwerft Seebeckwerft,
    Bremerhaven
Bau-Nr. 992

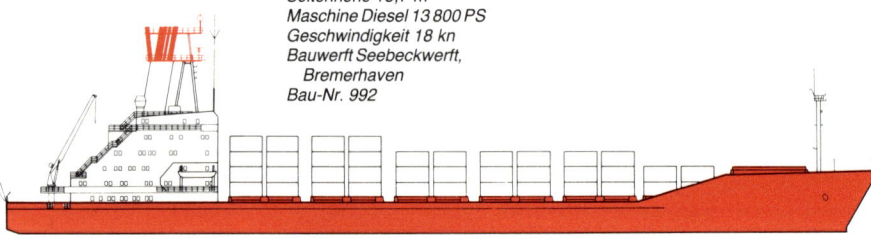

Columbus Wellington

Tragfähigkeit 15 720 tdw
Länge ü. a. 161,0 m
Breite 25,6 m
Seitenhöhe 13,7 m
Maschine Diesel 13 800 PS
Geschwindigkeit 19 kn
Bauwerft Seebeckwerft,
    Bremerhaven
Bau-Nr. 1001

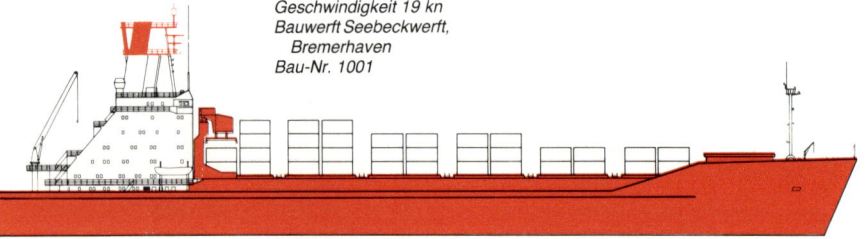

Monte Sarmiento

Tragfähigkeit 20 200 tdw
Länge ü. a. 168,7 m
Breite 28,0 m
Seitenhöhe 16,1 m
Maschine Diesel 14 400 PS
Geschwindigkeit 19 kn
Bauwerft Seebeckwerft,
    Bremerhaven
Bau-Nr. 1024

Columbus Louisiana

Tragfähigkeit 20 100 tdw
Länge ü. a. 168,7 m
Breite 28,0 m
Seitenhöhe 16,1 m
Maschine Diesel 14 400 PS
Geschwindigkeit 19 kn
Bauwerft Seebeckwerft,
    Bremerhaven
Bau-Nr. 1023

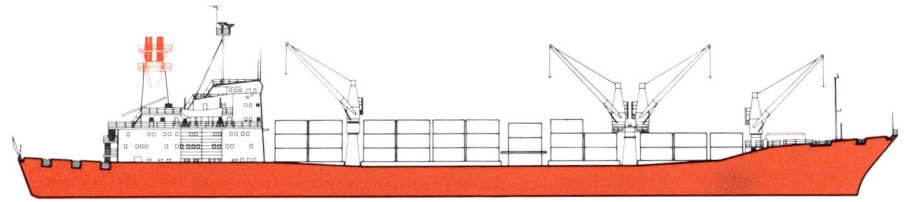

Columbus Tasmania

Tragfähigkeit 15 500 tdw
Länge ü. a. 162,3 m
Breite 22,2 m
Seitenhöhe 13,4 m
Maschine Diesel 11 600 PS
Geschwindigkeit 17,5 kn
Bauwerft Kherson-Werft
Bau-Nr. 2006

Columbus California

Tragfähigkeit 15 500 tdw
Länge ü. a. 162,3 m
Breite 22,2 m
Seitenhöhe 13,4 m
Maschine Diesel 11 600 PS
Geschwindigkeit 17,5 kn
Bauwerft Kherson-Werft
Bau-Nr. 2007

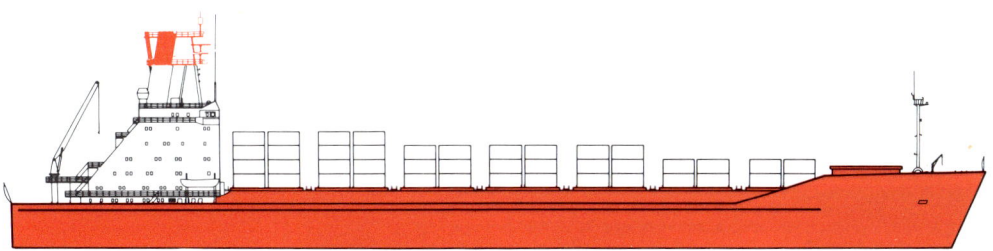

Monte Rosa

Tragfähigkeit 24 000 tdw
Länge ü. a. 184,9 m
Breite 28,0 m
Seitenhöhe 16,1 m
Maschine Diesel 14 400 PS
Geschwindigkeit 19 kn
Bauwerft Seebeckwerft,
   Bremerhaven
Bau-Nr. 1029

Monte Cervantes

Tragfähigkeit 24 000 tdw
Länge ü. a. 184,9 m
Breite 28,0 m
Seitenhöhe 16,1 m
Maschine Diesel 14 400 PS
Geschwindigkeit 19 kn
Bauwerft Seebeckwerft,
   Bremerhaven
Bau-Nr. 1030

Columbus Queensland

Tragfähigkeit 24 320 tdw
Länge ü. a. 184,9 m
Breite 28,0 m
Seitenhöhe 16,1 m
Maschine Diesel 14 400 PS
Geschwindigkeit 19 kn
Bauwerft Seebeckwerft,
   Bremerhaven
Bau-Nr. 1025

Stichwortverzeichnis

Abgasrohre 13, 56
Achterpiek 43, 67
Achterpiekschott 12, 60
Achterschiff 14, 19, 21, 43
Achtersteven 14
Ahming 14
Anker und Ankergeschirr 54, 55, 57, 59
Ankertasche 12, 14, 59
Antennen 12, 13, 34, 38, 52
Antriebsmaschine 30, 39, 40, 41, 43–46
Ärztlicher Beratungsdienst 36, 105
Astronomische Navigation 30
Aufbaudecks 20
Ausgleichsrohr 13, 55
Ausrüstungs- und Proviantkran 12, 19, 43, 56
Aus- und Einfuhrschuppen 73, 74 ff.
Autoalarmanlage 36, 37
Backdeck 13, 54, 57
Bäckerei 20, 102
Ballastsystem 41, 43, 66
Ballasttanks 43, 55, 65, 67
Bauzeit 8/9
Bauweise 8, 66
„Bays" 65, 94/95
„Bay Plan" (Stauplan) 87, 94/95
Brückenführer (Kranführer) 83 ff.
Besatzung 16
Berufsausbildung 103
Bildschirm-Terminal 91
Bootsmannsstore 13, 55
Bordapotheke 105
Brennstofftanks 67
Brückenfahrpult 21, 22/23, 26
Bug 13, 57
Bugstrahlruder 13, 14, 27, 39, 55
„Cell Guides" (Führungsschienen) 65, 84
Chronometer 24, 30
„Clip-on-unit" 68, 100
CO$_2$-Feuerlöschanlage 60/61
Computer 97 ff
Container an Bord 56, 64/65 u. a.
  -Baukörper 68
  -brücke 78/79
  -Depots 72
  -Heberahmen s. „Spreader"
  -Kennzeichen 85, 97
  -Kühlsystem 90/91, 101
  -Portalkran an Bord 12, 43, 45, 52, 56, 88/89, 101
  -Portalstapler („Straddle Carrier") 78/79
  -Stapelgeräte 82
  -Stapelkran 78/79

-Stützen 13, 15, 45, 57
-Tragwagen der Dt. Bundesbahn 80
-Transportfahrzeuge 80/81
-Typen 70/71
„Corner Castings" (Eckbeschläge) 69, 87
Davits 60
Decca-Navigationsgerät 29, 30
Decksaufsicht 56/57
  -einteilung 20/21, 41
  -mannschaft 16
Dieselgeneratoren 41, 45, 47
Doppelboden 12, 60, 89
Doppelpoller 54, 57
Echograph 24
Echolot 33
Einweiserköpfe 84, 85
„En-route-Telex" 93
Erleichterungslöcher 55
Fahrstuhl 23, 43
Fahrtmesser 28, 33
Fallreep 18
Fäkalienkläranlage 41, 45
Fernsteuerautomatik 22, 40
Festmacherwinde 54, 55, 56, 57
Feuerlöscheinrichtungen 23, 41, 43, 61
Flipper 69
Flurfördergeräte 78/79, 81
Freibord 11, 66, 67, 101
Freizeit 105
Frischwassererzeuger 45
Führungsschienen („Cell Guides") 65, 84
Funksicherheitsdienst 36
Funkstation 21, 36/38
Gabelstapler 75, 82
„Gang" 76, „Ganger" 77
Gantry-Kran s. Container-Portalkran
Gegentrimmen 66
Generalalarm 23
Germanischer Lloyd 10, 67, 101
Geschichte der Container und Containerschiffe 64
Geschwindigkeit 11, 39
Geschwindigkeitsanzeiger s. Fahrtmesser
Halbschweberuder s. Ruder
Hand- und Fußpferde 13, 52, 62
Handruder 26, 42
Heck 12, 56
Hilfs-Diesel s. Diesel-Generatoren
Hochstapler 82
Hospital 21, 105
ISO International Organization for Standarization 69, 97
Isoliercontainer 68, 71

Kabelgatt 13, 55
Kartenraum 21, 23, 24
Kettenkasten 55
Klassenzertifikat 10, 101
Klimakühlanlage 45
Klüse 13, 55, 56
Kofferdamm 43, 45
Kollisionsschott 12, 55, 60
Kommandobrücke 21, 22–29
Konnossement 92
Krängungsausgleichsanlage 42, 66
Kreiselkompaß 25
Küche 21, 102
Küchen- und Bedienungspersonal 16
Kühlaggregat („Clip-on-Unit") 68
Kühlcontainer 91
Kühlmaschinen 65, 90
Kühlstäbe 13, 89, 90, 100
Laderäume 12/13, 17, 56/57, 65, 94/95
Ladungskühlanlalage 39, 42, 45
Längsschnitt 12/13, 21, 43, 55, 64
Leistungsvergleich 64
Lenzpumpen 41, 43, 48
Lippenrolle 14, 56
Lotsenfahrpult 23, 28
Lukendeckel 13, 66, 83, 86
Lukensüll 8, 56
Magnetkompaß 25, 52, 56
Manifest 93
Mannschaftsräume 104
Maschinenanlage 39 f.
Maschinenfahrpult 50, 51, 53
Maschinenkontrollraum 13, 43, 45, 50 f., 53, 101
Maschinenpersonal 16, 39
Maschinenraum 12, 15, 17, 39, 43
Maschinentelegraf 23
Maschinenwerkstatt 43, 48
Mooringwinde s. Festmacherwinde
Motorrettungsboot 12, 15, 52, 56
Mutterkompaß 25
Nachtorderbuch 32
Nautische Warnnachrichten 36
Nebelsignalautomat 23
Nock 12, 15, 23, 31, 52
Notausstieg 19, 43, 56
Not-Dieselraum 20, 39, 43, 47
Notsender 36
Offiziere 16, 17, 104
Operator 98
Packstation 74 f
Pantry 21, 102/03
Peildeck 19, 52, 56
Peilkompaß 30
Positionslaternen 12/13, 23, 52, 53
Proviant 20, 102/03

Querschnitt 45, 65
Radar 23, 34 f., 38
Rauchmeldeanlage 61
Raumeinteilung 17
Rechenzentrum 98/99
Reserveanker 57, 59
Rettungsboot s. Motorrettungsboot
Rettungsbootstation 36, 63
Rettungsinsel 12, 56, 62
Rohrtunnel 65, 67
Roll-Trailer 81
Ruder 14, 41, 43, 49
   -haus 20, 22, 26, 29
   -lagenanzeiger 28, 50
   -maschine 12, 20, 39, 43, 49
Rufzeichen 37
Schiffsglocke 55, 59
   -papiere 101
   -tagebuch 31
Schmutzwassertank 43
Schornstein 12, 43, 52
Schotten 8, 12/13, 43, 55, 60
Schuppenarbeit 76/77
Schwanenhals 55, 57
Schwimmbecken 12, 19, 56, 105
Schwimmwesten 61
Seeberufsgenossenschaft 67, 100
Seekasten 41, 45
Seenotfunkboje 37
Seenotzeichen SOS 36, 37
Seewasserkanal 41, 43, 45
Seitengang 13, 65
Selbststeuer 26, 30
„Sequence Sheet" 87
Sextant 31

„Ships Planner" 87, 95
Sicherheitseinrichtungen 60 ff.
Sichtfunkpeiler 24, 25
Sichtstrahl 64, 100
Spanten 45
Spiegelreflexrohr 22, 29
„Spreader" 45, 69, 83, 84, 85
„Spring"-Leine 18
Stabilität 53, 76
Stapelgeräte 82
Stapellauf 9
Stationsuhr 36, 37
Stauplan („Bay Plan") 94/95
Stauplan-Telex („Stowage Telex") 92
Steuersäule 22
Stewards 16
„Straddle Carrier" 78/79
Strömungsausgleichsrohr 13, 48, 55
Süll s. Lukensüll
Technische Daten 11
Technische Offiziere 16, 39
Terminal 72
TEU 11, 69
TOA Technischer Offiziersanwärter 16
Tochterkompaß 25, 26, 28, 31
Torsion 66
Transportfahrzeuge 80/81
Trimmen 67
Trimmpult 53
„Twist Locks" (Drehzapfen) 69
Tyfon 28, 55
Umdrehungsanzeiger 51
Umformerraum 20
Umlenkrolle 57

Unterwasseranstrich 14
UTC Weltzeit 36
Verholwinde, s. Festmacherwinde
Verpflegung 102
Verstellpropeller 12, 14, 23, 27, 41
Vormast 13, 55
Vorpiek 13, 55, 67
Vorschiff 14, 54 f.
Vorsteven 14
Wacheneinteilung 28
Walzenklüse 13, 14, 55, 56
Wäscherei 20, 45, 104
Waterclerk 96
Wechselsprechanlage 22, 51, 55, 57
Wellengenerator 39, 41, 47
Weltzeit UTC 36
Wetternachrichten 36
Wiegestation 77
Windenkontroller 56, 57, 58
Wulstbug 13, 14, 55
Zeitzeichen, Funk- 30
Zeitzone 32
Zurrung 13, 43, 86/87
Zylinderstation 42, 44, 46.

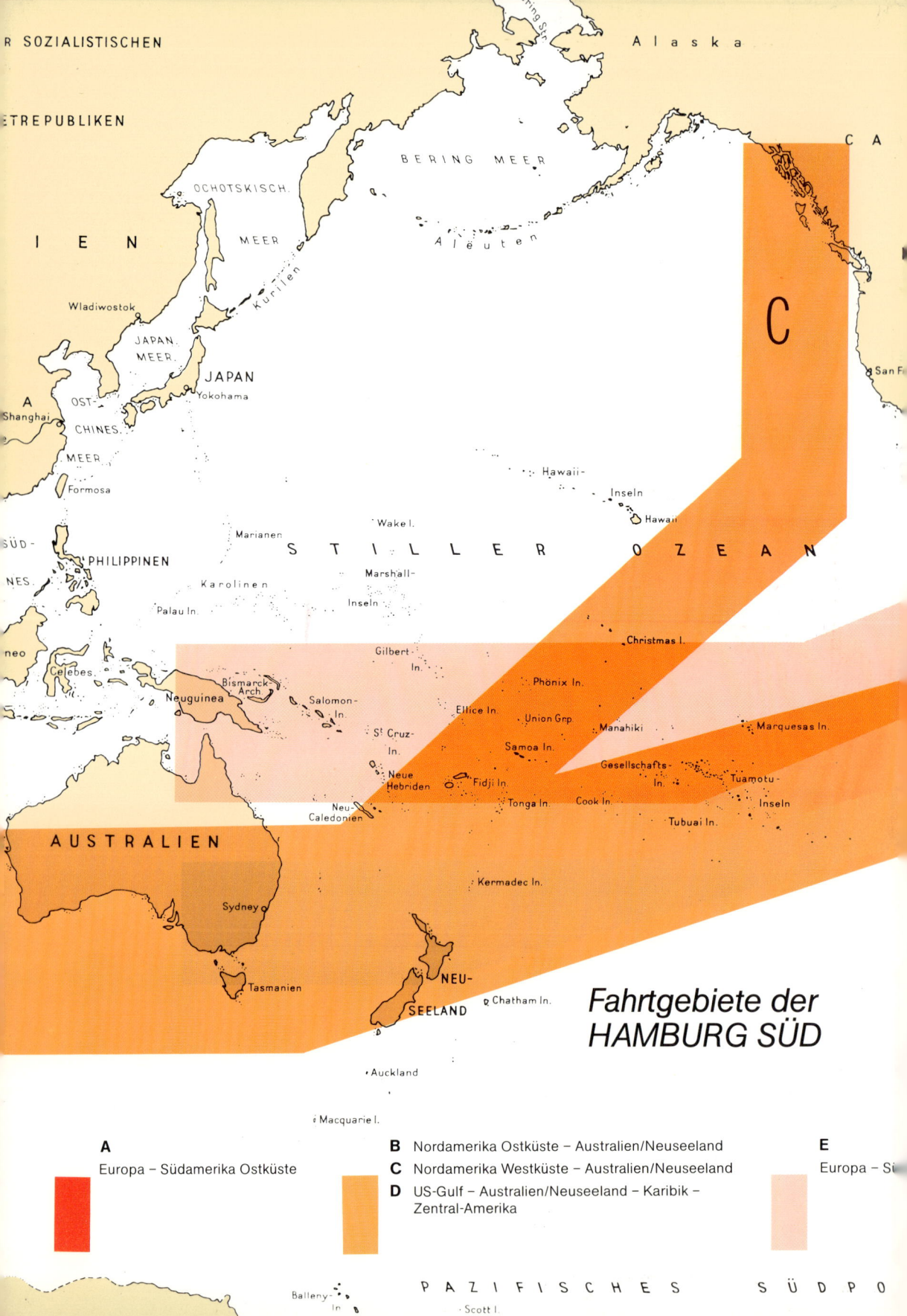

Fahrtgebiete der
HAMBURG SÜD

A Europa – Südamerika Ostküste

B Nordamerika Ostküste – Australien/Neuseeland
C Nordamerika Westküste – Australien/Neuseeland
D US-Gulf – Australien/Neuseeland – Karibik – Zentral-Amerika

E Europa – Sü